Get started
in Norwegian

Irene Burdese

Teach Yourself®

Get started in Norwegian

Irene Burdese

First published in Great Britain in 2015 by Hodder and Stoughton. An Hachette UK company.

Copyright © Irene Burdese 2015

The right of Irene Burdese to be identified as the Author of the Work has been asserted by her in accordance with the Copyright, Designs and Patents Act 1988.

Database right Hodder & Stoughton (makers)

The Teach Yourself name is a registered trademark of Hachette UK.

British Library Cataloguing in Publication Data: a catalogue record for this title is available from the British Library.

Library of Congress Catalog Card Number: on file.

9781473612709

1

The publisher has used its best endeavours to ensure that any website addresses referred to in this book are correct and active at the time of going to press. However, the publisher and the author have no responsibility for the websites and can make no guarantee that a site will remain live or that the content will remain relevant, decent or appropriate.

The publisher has made every effort to mark as such all words which it believes to be trademarks. The publisher should also like to make it clear that the presence of a word in the book, whether marked or unmarked, in no way affects its legal status as a trademark.

Every reasonable effort has been made by the publisher to trace the copyright holders of material in this book. Any errors or omissions should be notified in writing to the publisher, who will endeavour to rectify the situation for any reprints and future editions.

Typeset by Cenveo® Publisher Services.

Printed and bound in Great Britain by CPI Group (UK) Ltd., Croydon, CR0 4YY.

John Murray Learning policy is to use papers that are natural, renewable and recyclable products and made from wood grown in sustainable forests. The logging and manufacturing processes are expected to conform to the environmental regulations of the country of origin.

John Murray Learning
Carmelite House
50 Victoria Embankment
London
EC4Y 0DZ

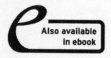

Contents

About the author

I was born in Italy, where I started studying English, French and German at a young age. I took both my Bachelor's and Master's degrees in Modern Foreign Languages and Literatures (English, German and Scandinavian languages) at the University of Turin, majoring in English. My Master's thesis is in English, Italian and Norwegian on comparative translations of Sigrid Undset's masterpiece *Kristin Lavransdatter*. I began studying Norwegian in Turin during my last year of high school, and I continued at university, where I also took some beginner Danish and Swedish language courses, as well as Scandinavian literature courses. Since my first year as a Bachelor's student, I have spent every summer in Norway, taking part in numerous summer courses held by several Norwegian universities, such as the International Summer School in Oslo, where I also took the **Test i norsk høyere nivå**, also known as **Bergenstest**. I spent my first year as a Master's student in Norway, participating in the Erasmus Programme, and taking courses both in Norwegian language and in English literary translation and English literature at the University of Oslo. During my second and last year as a Master's student, I was able to come back to the University of Oslo for three months to do research on Sigrid Undset for my thesis, under the supervision of academic and scholar Liv Bliksrud. The following year, I published an article based on my Master's thesis about the Italian translations of Sigrid Undset's *Kristin Lavransdatter* and its missing chapters. After the Master's, I took a one-year specialization course in literary translation and I started teaching English language and literature in high school in Italy. I also started teaching Norwegian to language students at the University of Turin, and I became a private tutor. With my colleague Cathrine Rysst, from UiO, I wrote the textbook *Lær deg norsk!*, an A1–B1 course, which is the first textbook especially designed for Italians learning Norwegian. It was published in Italy in January 2015.

Irene Burdese

How this book works

Norwegian is a Scandinavian language, closely related to Danish and Swedish. Unlike those other Scandinavian countries, however, Norway does not have an official spoken standard, and Norwegians usually speak the dialect of their place of origin. However, there are two official written languages: **bokmål** and **nynorsk**, and in this book you will learn the former, which is closer to written Danish.

What you will learn identifies what you should be able to do in Norwegian by the end of the unit.

Culture points present cultural aspects related to the themes in the units, introducing key words and phrases and including follow-up questions.

Vocabulary builder introduces key unit vocabulary grouped by theme and conversation, accompanied by audio. By learning the words and listening to them, your progress in learning contemporary Norwegian will be swift.

Dialogues are recorded conversations that you can listen to and practise, beginning with a narrative that helps you understand what you are going to hear, with a focusing question and follow-up activities.

Language discovery draws your attention to key language points in the conversations and to rules of grammar and pronunciation. Read the notes and look at the dialogues to see how the language is used in practice.

Practice offers a variety of exercises, including speaking, reading and writing opportunities, to give you a chance to see and use words and phrases in their context.

Test yourself helps you assess what you have learned. You learn more by doing the tests without looking at the text. Only when you have done them check if your answers are the correct ones (try not to cheat!)

Self-check lets you see what you can do after having completed each unit.

To help you through the course, a system of icons indicates the actions to take:

 Listen to audio

 Speak Norwegian out loud

 Figure something out

 Culture tip

 Exercises coming up

 Reading passage

 Write and make notes

 Check your progress

Here are some further resources in the book for you to consult:

Review units sum up what you have learned in the previous units. There are three reviews: after Unit 3, after Unit 6, and after Unit 10. If you master all questions in the review unit, go ahead; if not, go back and refresh your knowledge.

The **Answer key** helps you check your progress by including answers to the activities in both the text units and the review units.

The **Appendix** presents several tables with useful information, such as noun and adjective declensions, verbs in different tenses, etc.

Learn to learn

This book incorporates the Discovery method of learning. You will be encouraged throughout the course to engage your mind and figure out the meaning for yourself, through identifying patterns and understanding grammatical concepts, noticing words that are similar to English, and more. As a result of your efforts, you will be able to retain what you have learned, use it with confidence, and continue to learn the language on your own after you have finished this book. Everyone can succeed in learning a language – the key is to know how to learn it. Learning is more than just reading or memorizing grammar and vocabulary. It is about being an active learner, learning in real contexts, and using in different situations what you have learned. If you figure something out for yourself, you are more likely to understand it, and when you use what you have learned, you are more likely to remember it. As many of the essential details, such as grammar rules, are introduced through the Discovery method, you will have more fun while learning. The language will soon start to make sense and you will be relying on your own intuition to construct original sentences independently, not just by listening and repeating.

Learning style

What kind of learner are you?
▶ **The visual learner** might benefit from writing down words and phrases over and over again.
▶ **The auditory learner** could gain from reading out loud or recording his or her own vocabulary and listening back.
▶ **The kinaesthetic learner** may enjoy learning in a group or using flashcards, pictures or anything else that satisfies the need to 'experience'.
▶ **A mixture of two or more.**

Be sure not to limit yourself to one method; try all three and see what works best for you.

This book is for all kinds of people learning Norwegian, for a wide range of reasons. This may be the first time you have tried to learn another language. We have planned the units to build up your Norwegian gradually, step by step – but once you have started, you may want to explore the book at your own pace. One of the advantages of a self-study book like this is that you can return to a section as many times as you need, working at your own speed.

Become a successful language learner

1 MAKE A HABIT OUT OF LEARNING

Study a little every day, between 20 and 30 minutes if possible, rather than two to three hours in one session. Give yourself short-term goals, e.g. work out how long you'll spend on a particular unit and work within the time limit. This will help you to create a study habit, much in the same way you would a sport or music. You will need to concentrate, so try to create an environment conducive to learning which is calm and quiet and free from distractions. As you study, do not worry about your mistakes or the things you can't remember or understand. Languages settle differently in our brains, but gradually the language will become clearer as your brain starts to make new connections. Just give yourself enough time and you will succeed.

2 EXPAND YOUR LANGUAGE CONTACT

As part of your study habit, try to take other opportunities to expose yourself to the language. As well as using this course you could try listening to radio and television or reading articles and blogs. In order to become used to the different dialects, you can listen to radio programmes from the different districts, watch Norwegian news, movies and TV programmes, and listen to Norwegian music. Remember that as well as listening to live online radio you can use catch-up services to listen more than once. Perhaps you could find information in Norwegian about a personal passion or hobby or even a news story that interests you. In time, you'll find that your vocabulary and language recognition deepen and you'll become used to a range of writing and speaking styles.

3 VOCABULARY

▶ To organize your study of vocabulary, group new words under:
  a generic categories, e.g. food, furniture.
  b situations in which they occur, e.g. under restaurant you can write *waiter, table, menu, bill.*
  c functions, e.g. greetings, parting, thanks, apologizing.

- ▶ Say the words out loud as you read them.
- ▶ Write the words over and over again. Remember that if you want to keep lists on your smartphone or tablet you can usually switch the keyboard language to make sure you are able to include all special characters.
- ▶ Listen to the audio several times.
- ▶ Cover up the English side of the vocabulary list and see if you remember the meaning of the word.
- ▶ Try to guess the meaning of Norwegian words that are similar to English ones, e.g. **dag** (*day*), **møte** (*meet*), **komme** (*come*), etc.
- ▶ Create flash cards, drawings and mind maps.
- ▶ Write words for objects around your house and stick them to objects.
- ▶ Pay attention to patterns in words, e.g. adding **-er** or **-ene** to the end of a noun indicates plurality.
- ▶ Experiment with words and learn about collocations. Use the words that you learn in new contexts and find out if they are correct. For example, there are several adjectives that you can use to say that something or someone is beautiful: **ei vakker dame** is *a beautiful woman*, while **en kjekk mann** is *a handsome man* and **et pent hus** is *a beautiful house*.
- ▶ Check the new phrases either in this book or a dictionary, or with Norwegian speakers.
- ▶ Make the best of words you already know. When you start thinking about it, you will realize that there are lots of Norwegian words that are similar to English, e.g. **bok** (*book*), **fisk** (*fish*), **brød** (*bread*) and **frukt** (*fruit*).

4 GRAMMAR

- ▶ To organize the study of grammar, write your own grammar glossary and add new information and examples as you go along.
- ▶ Experiment with grammar rules. Sit back and reflect on the rules you learn. See how they compare with your own language or other languages you may already speak. Try to find out some rules on your own and be ready to spot the exceptions. By doing this, you'll remember the rules better and get a feel for the language.
- ▶ Try to find examples of grammar in conversations or other articles.
- ▶ Keep a 'pattern bank' that organizes examples that can be listed under the structures you've learned.
- ▶ Use old vocabulary to practise new grammar structures.

▶ When you learn a new verb form, write the conjugation of several different verbs you know that follow the same form.

5 PRONUNCIATION

▶ When organizing the study of pronunciation, keep a section of your notebook for pronunciation rules and practise those that trouble you.

▶ Repeat all of the dialogues, line by line. Listen to yourself and try to mimic what you hear.

▶ Record yourself and compare yourself to a native speaker.

▶ Make a list of words that give you trouble and practise them.

▶ Study individual sounds, then full words, and then full sentences.

▶ Don't forget, it's not just about pronouncing letters and words correctly, but using the right intonation. So, when practising words and sentences, mimic the rising and falling intonation of native speakers.

▶ As in English, the sound of some Norwegian letters changes when they are next to other particular letters. Therefore, it is very important to learn the rules to make the correct sounds, as well as rhythm and stress, and the accents.

6 LISTENING AND READING

The dialogues in this book include questions to help guide you in your understanding. But you can go further by following some of these tips.

▶ Imagine the situation. When listening to or reading the dialogues, try to imagine where the scene is taking place and who the main characters are. Let your experience of the world help you guess the meaning of the conversation, e.g. if a conversation takes place in a restaurant you can predict the kind of vocabulary that is being used.

▶ Concentrate on the main part. When watching a foreign film you usually get the meaning of the whole story from a few individual shots. Understanding a foreign conversation or article is similar. Concentrate on the main parts to get the message and don't worry about individual words.

▶ Guess the key words; if you cannot, ask or look them up. If possible, select films that have subtitles and begin with cartoons, which tend to be easier. When there are key words you don't understand, try to guess what they mean from the context. If you're listening to a Norwegian speaker and cannot get the gist of a whole passage because of one word or phrase, try to repeat that word with a questioning tone; the speaker will probably paraphrase it, giving you the chance to understand it.

▶ Listen to Norwegian music and try to guess the lyrics. Start with children songs and go on to more difficult ones. You will see that this helps you getting used to different dialects. When there are words you don't understand, look for the lyrics on the Internet and try to guess their meaning before looking them up in the dictionary.

7 SPEAKING

Rehearse in the foreign language. As all language teachers will assure you, the successful learners are those students who overcome their inhibitions and get into situations where they must speak, write and listen to the foreign language. Here are some useful tips to help you practise speaking Norwegian:

▶ Hold a conversation with yourself, using the dialogues of the units as models and the structures you have learned previously.

▶ After you have conducted a transaction with a salesperson, clerk or waiter in your own language, pretend that you have to do it in Norwegian, e.g. buying groceries, ordering food, drinks and so on.

▶ Look at objects around you and try to name them in Norwegian.

▶ Look at people around you and try to describe them in detail.

▶ Try to answer all of the questions in the book out loud.

▶ Say the dialogues out loud then try to replace sentences with ones that are true for you.

▶ Try to role-play different situations in the book.

8 LEARN FROM YOUR ERRORS

▶ Don't let errors interfere with getting your message across. Making errors is part of any normal learning process, but some people get so worried that they won't say anything unless they are sure it is correct. This leads to a vicious circle as the less they say, the less practice they get and the more mistakes they make.

▶ Note the seriousness of errors. Many errors are not serious, as they do not affect meaning, for example, if you use the wrong ending (**-et** instead of **–a** or **–en**). So concentrate on getting your message across and learn from your mistakes.

▶ As you progress, you will also become aware of false friends. These are words that look or sound like English words, but that have a very different meaning. For example, **frisk** is not the English verb, but instead means *healthy*, **spill** is the imperative of *play*, **smell** means *crash*, **her** means *here*, and **fart** means *speed*. The most important thing to remember though is BE BOLD! Getting it wrong at times is a huge part of your learning process and success.

9 LEARN TO COPE WITH UNCERTAINTY

▶ **Don't over-use your dictionary.** When reading a text in the foreign language, don't be tempted to look up every word you don't know. Underline the words you do not understand and read the passage several times, concentrating on trying to get the gist of the passage. If after the third time there are still words which prevent you from getting the general meaning of the passage, look them up in the dictionary.

▶ **Don't panic if you don't understand.** If at some point you feel you don't understand what you are told, don't panic or give up listening. Either try and guess what is being said and keep following the conversation or, if you cannot, isolate the expression or words you haven't understood and have them explained to you. The speaker might paraphrase them and the conversation will carry on.

▶ **Keep talking.** The best way to improve your fluency in the foreign language is to talk every time you have the opportunity to do so: keep the conversations flowing and don't worry about the mistakes. If you get stuck for a particular word, don't let the conversation stop; paraphrase or replace the unknown word with one you do know, even if you have to simplify what you want to say. As a last resort use the word from your own language and pronounce it in the foreign accent.

Kos deg med å lære norsk!

Enjoy learning Norwegian!

About the Norwegian language

Norwegian is a Scandinavian language, closely related to Danish and Swedish. Unlike those other Scandinavian countries, however, Norway does not have an official spoken standard, and Norwegians usually speak the dialect of their place of origin. However, there are two official written languages: **bokmål** and **nynorsk.**

Bokmål is closer to written Danish and is usually the written standard foreigners are taught. It must be stressed, however, that considerable variations are allowed within **bokmål** (and within **nynorsk**), depending largely on the user's choices between relatively more 'conservative' or 'liberal' spellings and grammar, or depending on the influence of an individual user's local dialect.

Many people use a more 'conservative' **bokmål**, choosing not to use the feminine gender of nouns but only the 'common gender', as in Danish. You will notice this in the book, by reading and listening to the dialogues. However, you will encounter many people who do use feminine nouns, and so they are present everywhere else in the book, since they are largely used when writing a more 'liberal' **bokmål**, also influenced by dialects. The vast majority of spoken dialects in Norway use all three genders, with the notable exception of Bergen, where the local dialect only uses the 'common gender' and the neuter gender.

Why learn Norwegian?

Learn Norwegian and you will be able to:
▶ communicate with 5 189 435 inhabitants of Norway;
▶ read Danish and make yourself understood by 5 614 000 inhabitants of Denmark;
▶ understand Swedish speakers and make yourself understood by 9 593 000 inhabitants of Sweden.

You should also be able to get by in Norwegian with the inhabitants of Iceland, meaning that they may understand you, while you might have some problems understanding them.

Even if speakers of Norwegian are not as many as those of other languages, learning a new language always gives an insight into the culture as well, getting people together. Moreover, Norwegian is a very musical language, so it is very beautiful.

Features of Norwegian

As mentioned above, Norwegian is a Scandinavian language. This means that after having learned Norwegian it is not only much easier to understand the other Scandinavian languages, but, since it is also a Germanic language like German and English, it also means that learning Norwegian may not be that difficult.

For an English speaker it is often easy to guess the meaning of Norwegian words, but since there is no standard spoken Norwegian, sometimes it can be difficult to adjust at first. For what concerns written Norwegian, for historical reasons there are two official languages: **bokmål** and **nynorsk**. Since Norway was in a union with Denmark until 1814, the upper class spoke Danish, while the people spoke dialect(s). After gaining independence from Denmark in 1814, Norwegians decided to abandon Danish as an official language and, by rendering it more Norwegian, they created **riksmål** first, and then **bokmål**. They also decided to create a new language, called **nynorsk** "new Norwegian", which is based on the similarities between the many dialects. Norwegians can learn both languages at school, but they get to choose which one will be their first choice. In some areas of Norway, especially on the west coast and in the north, it is more frequent to meet users of **nynorsk**.

The variety of Norwegian that you will learn with this book is **bokmål**, and for what concerns the spoken part, this course is based on the Oslo dialect, which is the closest to **bokmål**. This is the normal approach when learning Norwegian. As you progress and make contact with native speakers, you will notice that adjusting to the various dialects is not that difficult, especially because Norwegians are generally kind enough to normalize their speech and explain the most difficult terms when they learn that you are a foreigner.

Norwegian grammar

The Norwegian language differs from English for some aspects:
▶ verbs have the same form for every person (there is no –s in the third person);

▶ there are three genders; masculine, feminine and neuter, and adjectives are declined following the gender of the noun, if it is singular, or take a special ending if the noun is plural;

▶ some people still do not use any feminine word (because Danish does not have the feminine), so all feminine words can also be masculine.

This may sound confusing and difficult at first, but really it is not. And once you learn the rules, you will see that speaking correct Norwegian is not difficult at all.

Stress and accent

Norwegian, as well as Swedish, is a tone language, which means that more than one tone may be used in words that contain more than one syllable. That is why Norwegian is such a musical language. In Norwegian there are two such word pitch accents: 'single tone' (also called *toneme 1* or *one syllable pitch accent*) and 'double tone' (also called *toneme 2* or *two syllable pitch accent*). Some Norwegian words are written the same, or differ from one another only for one letter, but their meaning changes following the pitch accent: **bønder** *(farmers)* – **bønner** *(prayers)*; **endene** *(geese)* – **endene** *(ends)*. Moreover, Norwegian has *word stress* (different syllables in words are stressed) and *sentence stress* (the words that are most significant for the meaning are stressed). Tone languages are not very common among Indo-European languages, so this may be a bit difficult, but the trick is to always listen carefully and imitate the pronunciation.

Vocabulary building

Since Norwegian and English are both Germanic languages, they share many similar words and so guessing their meaning can be fun and useful, while learning the language.

For instance, the word **mann** means *man*, the verb **gå** means to *go*, **komme** means to *come*, and so on.

There are also many false friends though, for example: **spill** is the imperative of *play*, **smell** means *crash*, **her** means *here*, **fart** means *speed* and **men** means *but*.

1	Østfold	11	Rogaland
2	Akershus	12	Hordaland
3	Oslo	13	Sogn og Fjordane
4	Hedmark	14	Møre og Romsdal
5	Oppland	15	Sør-Trøndelag
6	Buskerud	16	Nord-Trøndelag
7	Vestfold	17	Nordland
8	Telemark	18	Troms
9	Aust-Agder	19	Finnmark.
10	Vest-Agder		

A pronunciation guide to the Norwegian language

As mentioned earlier, Norwegian is a Scandinavian language, closely related to Danish and Swedish. As with the latter, Norwegian is also a tone language, so it sounds like a melody. Although Norwegian and Danish are closely related, it is far easier to speak and understand Norwegians, even if they are speaking dialect. In order to become used to the different dialects, you can listen to the radio (NRK has a free app, which allows you to listen to several radio channels for free), watch Norwegian movies and TV programmes, and listen to Norwegian music. When you are in Norway you should try and practise as much as you can, although Norwegians are quite fluent in English, and you will have to ask them to speak Norwegian instead of English to help you practise.

Alphabet

 00.01 The Norwegian alphabet has 29 letters. Their names (in brackets) are used when spelling words out loud.

A, a	(a)
B, b	(be)
C, c	(se)
D, d	(de)
E, e	(e)
F, f	(eff)
G, g	(ge)
H, h	(hå)
I, i	(i)
J, j	(je) or (jodd)
K, k	(kå)
L, l	(ell)
M, m	(emm)
N, n	(enn)

O, o	(u)
P, p	(pe)
Q, q	(ku)
R, r	(ærr)
S, s	(ess)
T, t	(te)
U, u	(u)
V, v	(ve)
W, w	(dobbelt ve)
X, x	(eks)
Y, y	(y)
Z, z	(sett)
Æ, æ	(æ)
Ø, ø	(ø)
Å, å	(å)

VOWELS

 00.02 The last three letters in the alphabet are vowels, as is the letter **y**, so this means that Norwegian has nine vowels altogether: **a, e, i, o, u, y, æ, ø, å**; but all vowels can be both short and long, so this means that there are 18 actual sounds.

Usually a vowel is short when it comes before two consonants, and it is long when it comes before one consonant, or none.

Letter	Pronunciation variety	Examples
a	Short, same sound as the English 'a' in *cat*.	**takk** (*thanks*), **katt** (*cat*), **matte** (*rug*)
	Long, same sound as the English 'a' in *father*.	**tak** (*roof*), **far** (*father*), **fat** (*bowl*)
e	Short, same as the English 'e' in *pen* and *men*.	**renn** (*race*), **penn** (*pen*), **sent** (*late*), **menn** (*men*), **legge** (*to set*)
	Long, same sound as in the short, but stretched out, a little like 'e' in *ear*.	**ren** (*clean*), **pen** (*beautiful*), **sen** (*late*), **men** (*but*), **lege** (*doctor*)
i	Short, like the 'i' in the English *bin* and *kiss*.	**tillatelse** (*permit*), **minne** (*to remind*), **fint** (*well / nice*)
	Long, similar to the English 'ee' in *see* or 'ea' in *sea* and *heat*.	**til** (*to*), **mine** (*my*), **fine** (*nice*)
o	Short, like the English 'oo' in *moon* or *book*, but shorter sound.	**ost** (*cheese*), **Oslo**, **bodde** (*lived*), **hvor** (*where*)
	Sometimes pronounced as the English 'o' in *gone*, especially when the vowel is followed by two (identical) consonants.	**komme** (*to come*), **dronning** (*queen*), **konge** (*king*)
	Long, like the English 'oo' in *moon* or *book*.	**bok** (*book*), **bor** (*live, lives*), **bo** (*to live*), **pose** (*plastic bag*)

u	No English equivalent. Short, start with the 'u' sound in *true*, but round the lips very tightly. Also similar to the final vowel in *new*, but shorter. Long, start with the 'u' sound in *true*, but round the lips very tightly. Also similar to the final vowel in *new*.	**huske** (*remember*), **buss** (*bus*), **busk** (*bush*), **hund** (*dog*), **du** (*you*) **hus** (*house*), **frue** (*madam*), **bue** (*bow*)
y	No English equivalent. The sound is between a Norwegian 'i' and a Norwegian 'u'. Short, pronounced with rounded lips. Long, pronounced with tightly rounded lips.	**bytte** (*exchange*), **hylle** (*shelf*), **sykle** (*to cycle*) **ny** (*new*), **by** (*city*), **hyle** (*scream*), **sy** (*sew*)
æ	Short, similar to the English 'a' in *bad*. Long, similar to the English 'a' in *bad*, but stretched.	**færre** (*fewer*) **være** (*to be*), **været** (*weather*)
ø	No English equivalent. Similar to the German 'ö' or the French 'eu'. Short Long	**ørret** (*trout*), **bøtte** (*bucket*), **rømme** (*sour cream*) **øret** (*the ear*), **løpe** (*to run*), **fløte** (*cream*), **kjøpe** (*to buy*)
å	Short, like the 'o' in *Scot*. Long, similar to the English sound 'aw' in *saw*.	**flått** (*tick*), **gått** (*gone*), **blått** (*blue – neuter*) **håpe** (*to hope*), **gå** (*to go*), **blå** (*blue*)

DIPHTHONGS

00.03 Some combinations of vowels form a diphthong. Norwegian diphthongs have no English equivalent.

Diphthong	Pronunciation variety	Examples
ei	Similar to the 'a' in *babe*, or the sound of the word *eye*.	**lei** (*sad / sorry*), **sei** (*coley*), **vei** (*street*), **leilighet** (*apartment*), **hei** (*hi*)
ai	Like the 'i' in *vine*.	**hai** (*shark*), **mai** (*May*), **kai** (*quay*)
øy	The first sound is similar to the German 'ö' or the French 'eu', while the 'y' is similar to the English *kiss* and *bin*.	**bøye** (*bend*), **gøy** (*funny*), **fornøyelse** (*amusement*), **øye** (*eye*), **øy** (*isle*), **høy** (*high*)
au, eu	Similar to 'ou' in *mouse*, but the 'u' is similar to the final vowel sound in *new*.	**august** (*August*), **Europa** (*Europe*), **auksjon** (*auction*), **maur** (*ant*), **Australia**, **pause** (*break*), **euro** (*Euro*), **sau** (*sheep*)

CONSONANTS

 00.04 The letters **c**, **q**, **w**, **x**, **z** are only used in words (e.g. **quiz**, **xylofon**, etc.) and names (e.g. **Christian**, **William**, etc.) imported from other languages and not common.

Letter	Pronunciation variety	Examples
b	As the English 'b' in *bed*.	**banan** (*banana*), **bare** (*just*), **bra** (*good, well*), **bedre** (*better*), **blomster** (*flower*)
c	As the English 'c' in *car*, used only in loans from other languages and in first names.	**camembert** (*Camembert*)
d	Hard 'd' as in the English *dad*. 'd' is silent in the combinations **-ld**, **-nd**, **-rd** and at the end of a word, when it is preceded by a vowel.	**Danmark**, **danne** (*create*), **dame** (*woman*), **dele** (*share*) **Trondheim**, **bord** (*table*), **med** (*with*), **kald** (*cold*)
f	As the English 'f' in *fire*.	**fire** (*four*), **fem** (*five*)
g	Hard 'g' as in the English *girl*. In some combinations, such as **-gi**, **-gei**, **-gy**, 'g' can also be pronounced as the 'y' in *you*. 'g' is silent when a word ends in the combination **-ig** and begins with the combination **gj-**. In some loan words the 'g' becomes similar to the sound 'sh' in *shoe*.	**galskap** (*madness*), **gå** (*to go*), **gidde** (*have the strength to do something*) **gi** (*to give*), **gikk** (*went*), **gifte** (*to marry*), **geit** (*goat*), **gyldig** (*valid*) **hyggelig** (*pleasant*), **billig** (*cheap*), **vanskelig** (*difficult*), **gjerne** (*gladly*), **gjennom** (*through*), **gjøre** (*to do*) **giro** (*money transfer*), **generelt** (*generally*), **regi** (*direction*)
h	Always pronounced before a vowel. Never pronounced before **-v-** and **-j-**.	**hals** (*neck*), **hund** (*dog*), **hatt** (*hat*) **hvem** (*who*), **hvor** (*where*), **hva** (*what*), **hvordan** (*how*), **hjelpe** (*help*), **hjerne** (*brain*)
j	Close to the sound of the English 'y'.	**ja** (*yes*), **jeg** (*I*), **jakke** (*jacket*), **jeger** (*hunter*)
k	Like 'k' in the English *keep* before most of the vocals and consonants. The combinations **kj-**, **ki-**, and **ky-** are pronounced like 'ch' in *Charles* with a mild initial 't' sound.	**kniv** (*knife*), **kar** (*guy*), **komme** (*come*), **kan** (*can*), **kunde** (*client*), **kvinne** (*woman*) **kino** (*cinema*), **kirke** (*church*), **kjenne** (*to know*), **kjøpe** (*to buy*), **kjøre** (*to drive*), **kylling** (*chicken*), **kysse** (*to kiss*)
l	As the English 'l' in *leave*.	**lure** (*to wonder*), **leve** (*to live*), **laks** (*salmon*), **lede** (*to lead*)
m	As the English 'm' in *mother*.	**måned** (*month*), **mor** (*mother*), **male** (*to paint*), **måle** (*to measure*)

n	As the English 'n' in no. The combination **-ng** and sometimes **-nk**, are pronounced as the English 'ng' in thing.	**nabo** (neighbour), **nonne** (nun), **Norge** (Norway), **nei** (no) **ting** (thing), **sang** (song), **lang** (long), **bank**, **mange** (many)
p	As the English 'p' in pen.	**prest** (priest), **presis** (timely), **panne** (pan), **poeng** (point), **penn** (pen)
q	As the English 'k'.	**quiz**
r	A rolled 'r' made with the tip of the tongue. (In the south of Norway, especially the Kristiansand area, and in the Bergen area, it is not rolled but made with the root of the tongue at the back of the mouth.) The combination **-rs-** is pronounced like 'sh' in mash. The combinations **-rt, -rd, -rl,** and **-rn** create a particular sound, made by bending the tip of the tongue backwards and making it slightly touch the palate on the back of the front teeth.	**rastløs** (restless), **rolig** (calm), **reagere** (to react), **rote** (to disarray) **kurs** (course), **Lars**, **norsk** (Norwegian) **barn** (child), **bort** (away), **fjern** (far), **forteller** (tell), **gjerne** (gladly), **gjort** (done), **hvordan** (how), **port** (gate), **ærlig** (sincere)
s	Never voiced, so like the 's' sound in sun. An 's' on its own cannot give a 'sh' sound, but it does give the sound 'sh' in the combinations **-sl**, **skj-**, **sj-** and **sk + y, i, ei, øy.**	**stol** (chair), **sur** (sour / angry), **sild** (herring), **søndag** (Sunday), **seks** (six) **sjal** (shawl), **sjel** (soul), **sjelden** (seldom), **ski** (ski), **skinke** (ham), **skjema** (scheme), **skjære** (to slice), **sky** (cloud), **skøyter** (skater), **sliten** (tired), **stasjon** (station)
t	Pronounced like the English 't' in tooth. 't' at the end of a singular neuter noun is never pronounced, as well as at the end of the neuter pronoun **det**. The final 't' is always pronounced at the end of verbs in the past tense, neuter adjectives, non-neuter nouns and adverbs. In some cases, the combination **tj-**, can be pronounced like 'ch' in Charles with a mild initial 't' sound right before the 'y' sound. In other cases, the combination **tj-** is pronounced as it is written, so with a hard 't' sound right before the 'y' sound.	**tann** (tooth), **tre** (three), **trær** (trees), **tante** (aunt), **ting** (thing) **barnet** (the child), **brødet** (the bread), **det** (it), **flyet** (the plane), **hjemmet** (the home), **huset** (the house), **skapet** (the closet), **været** (the weather) **snakket** (talked), **godt** (well), **nytt** (new – neuter), **svart** (black), **leilighet** (apartment) **tjue** (twenty), **tjukk** (thick) **tjene** (earn), **tjeneste** (service / favour)

v	Like the English 'v' in *very*.	**været** (*the weather*), **vann** (*water*), **venn** (*friend*), **venninne** (*female friend*), **visdom** (*wisdom*), **visum** (*passport*), **veldig** (*very*)
w	Like 'v' in *very*. It only occurs in names and words of foreign origin.	**waliser** (*Welsh*)
x	Like 'ks', never like 'gz' as in *example*. It only occurs in names and words of foreign origin.	**xylofon** (*xylophone*), **sex** (*sex*)
z	Like voiceless 's' in *see*. It only occurs in names and words of foreign origin.	**zirkon** (*zircon*), **zoolog** (*zoologist*)

Hei! Hyggelig å treffe deg!

Hi! Nice meeting you!

In this unit, you will learn how to:
▶ *say hello* **and** *goodbye.*
▶ *introduce yourself and others.*
▶ *say where you come from and where you live.*
▶ *use personal pronouns.*

CEFR: (A1) *Can introduce yourself and others and can ask and answer questions about personal details such as where someone lives.*

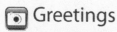 Greetings

Hei, **heisann** and **hallo** are the expressions that are most frequently used when meeting someone. The expressions **ha det bra**, or simply **ha det**, are used when saying goodbye. None of these expressions or phrases are particularly formal, but can be used with people we do not know very well. **God morgen** is slightly more formal, and can only be used in the morning, while **god dag** can be used all day. It is also possible to use this expression when leaving, simply by adding **å ha** (*to have*): **ha en god dag**. If it is evening, one says **god kveld**, while **god natt** is only used when wishing someone good night.

Norwegians have a particular way to greet each other when they meet again: depending on how long it has been since they last met, they can say **takk for sist** or **takk for i går**. They also use these kinds of expressions when saying *goodbye*. Again, depending on the time of the day, they can choose from **takk for i dag / i kveld / i natt**; and they can use **takk for meg** or **takk for nå** at the end of a lecture or a speech.

 Norwegian people say **takk for maten** after they finish a meal that someone else has cooked. What do you think this means?

Vocabulary builder

01.01 Listen to the following phrases and expressions, and then try to imitate the Norwegian pronunciation. Complete the missing English translations.

GREETINGS

Hei! / Heisann! / Hallo!	*Hi! / Hello! (less formal)*
God dag!	_____
God morgen!	_____
God kveld! / God aften!	_____
Takk for sist!	*Thank you for last time.*
Takk for i går!	*Thank you for yesterday.*

SAYING GOODBYE

Ha det bra! / Ha det fint! / Ha det godt! / Ha det!	*Goodbye!*
På gjensyn!	*Goodbye! (more formal; lit. See you again)*
Vi ses! / Vi sees!	_____
God natt!	_____
Takk for i dag!	*Thank you for today.*
Takk for maten!	_____

> **LANGUAGE TIP**
> **Takk for alt** is a false friend. It literally means *thanks for everything* but is really only used to say *rest in peace*. Norwegians who do not know you are a foreigner might be upset if you use it.

NEW EXPRESSIONS

Some of these new expressions are used in the following dialogues. Note their meanings and the differences between the various alternatives.

Hva heter du?	*What's your name?*
Jeg heter …	*My name is …*
Hvor kommer du fra?	*Where are you from?*
Jeg kommer fra …	*I'm from …*
Hvordan går det?	*How is it going?*
Det går bra / fint / ikke så bra / dårlig, takk.	*It's going well / fine / not so fine / badly, thanks.*
Hvordan har du det?	*How are you?*

Jeg har det bra / fint / ikke så bra / dårlig, takk.	*I'm well / fine / not so fine / bad, thanks.*
Hyggelig å hilse på deg!	*Nice to meet you!*
Hyggelig å treffe deg igjen!	*Nice to see you again!*
I like måte.	*Likewise. (lit. For me as well.)*
Tusen takk!	*Thank you very much. (lit. a thousand thanks)*

Dialogue 1

 01.02 Listen carefully to the conversation before answering the questions.

1 **Where is the conversation taking place?**

2 **Have the speakers met before?**

Sven	Hei, jeg heter Sven. Hva heter du?
Marit	Hyggelig å hilse på deg Sven, jeg heter Marit. Hvor kommer du fra?
Sven	Jeg kommer fra Tromsø. Hvor kommer du fra?
Marit	Jeg kommer fra Lillehammer. Hvor bor du?
Sven	Jeg bor i Oslo på Grønland, hvor bor du?
Marit	Jeg bor også i Oslo, men på Vinderen.
Sven	Hva studerer du?
Marit	Jeg studerer nordisk språk og litteratur, og du?
Sven	Jeg studerer lingvistikk.

3 **What phrases do the speakers use to introduce themselves? Match the Norwegian with the English translation.**

a	Hyggelig å møte deg.	**1**	Nice to see you.
b	Hyggelig å hilse på deg.	**2**	Nice meeting you.
c	Hyggelig å treffe deg.	**3**	Nice making your acquaintance.
d	Hyggelig å se deg.	**4**	Nice meeting you.

4 **Where does Sven come from?**

5 **Where does Marit come from?**

6 **Re-read the dialogue and answer the following questions.**
   a Where does Sven live?
   1 Tromsø
   2 Oslo

b Where does Marit live?
  1 Oslo
  2 Lillehammer
c What does Marit study?
  1 nordisk språk og litteratur
  2 lingvistikk
d What does Sven study?
  1 nordisk språk og litteratur
  2 lingvistikk

7 Fill in the blanks with the missing verbs.
  a Jeg _____ Sven.
  b Han _____ fra Tromsø.

8 Fill in the blanks with the missing pronouns.
  a Hvor kommer _____ fra? (*you*, singular)
  b _____ heter Marit. (*she*)

🡒 Language discovery 1

1 PERSONAL PRONOUNS

Personal pronouns are used to replace a noun or a name. Personal pronouns in Norwegian do not need the capital letter unless they are at the beginning of a sentence.

Subject		Object	
jeg	*I*	**meg**	*me*
du	*you*	**deg**	*you*
han	*he*	**ham/han**	*him*
hun	*she*	**henne**	*her*
den (non-neuter)	*it*	**den**	*it*
det (neuter)		**det**	
vi	*we*	**oss**	*us*
dere	*you*	**dere**	*you*
de	*they*	**dem**	*them*

1 Fill in the blanks with the missing pronouns from the right-hand column.

  a Hyggelig å hilse på _____. (*you*, plural)   **1** jeg
  b _____ heter Sven. (*I*)   **2** du
  c _____ heter Sven og Marit. (*we*)   **3** han
  d Hva heter _____? (*you*, singular)   **4** hun
  e _____ heter Sven. (*he*)   **5** vi

f _____ bor i Oslo. (*they*)

g _____ heter Marit. (*she*)

6 dere

7 de

2 **Read the following examples of personal pronouns used with å hete, å være, å treffe, å møte, å snakke, then answer the following questions.**

Jeg heter Sven.	*My name is Sven. (lit. I am called Sven.)*
Hun heter Marit.	*Her name is Marit.*
Hun er lærer.	*She is a teacher.*
Jeg treffer deg i ettermiddag.	*I'll meet you this afternoon.*
Jeg møter henne i ettermiddag.	*I'll meet her this afternoon.*
Du snakker med meg.	*You speak with me. / You talk to me.*

a Would you use **jeg** or **meg** when translating the sentence *She is with me*?

b Would you use **hun** or **henne** when translating the sentence *I met her last night*?

2 VERBS IN THE PRESENT TENSE

Norwegian verbs in the present tense end in **-r**. Some simply take the **-r** at the end, while others lose an **-e** as well as the **å**: the *to* of the infinitive form.

(å bo)	**Jeg bor i Oslo.**	*I live in Oslo.*
(å komme)	**Du kommer fra London.**	*You come from London.*
(å bo)	**Vi bor i Norge.**	*We live in Norway.*
(å vente)	**Jeg venter på trikken.**	*I am waiting for the tram.*
(å jobbe)	**Vi jobber sammen.**	*We work together.*
(å hete)	**Hun heter Maja.**	*Her name is Maja.*
(å gjøre)	**Jeg gjør det.**	*I do / am doing it.*

Some verbs are irregular, since the *to* form is different from the present tense, such as **å være** (*to be*):

Abby er min venninne.	*Abby **is** my (female) friend.*
Erlend er min kollega.	*Erlend **is** my colleague.*
Abby er lærer.	*Abby **is** a teacher.*

3 **Read the following description, paying attention to the following words. Verbs are the same for all people. Then try and rewrite it in the third person.**

Heter (*have a name*), **er** (*am, is, are*), **bor** (*live, lives*), **jobber** (*work, works*), **har** (*have, has*), **går** (*go, goes*), **snakker** (*talk, talks / speak, speaks*), **liker** (*like, likes*).

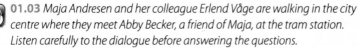

> **Jeg heter Maja, jeg er norsk, jeg bor i Norge og jeg jobber i Oslo. Jeg har en hund og en katt. Jeg går ut, treffer venner og snakker med dem. Jeg liker Norge.**
> *My name is Maja, I am Norwegian, I live in Norway and I work in Oslo. I have a dog and a cat. I go out, meet some friends and chat with them. I like Norway.*

Dialogue 2

01.03 Maja Andresen and her colleague Erlend Våge are walking in the city centre where they meet Abby Becker, a friend of Maja, at the tram station. Listen carefully to the dialogue before answering the questions.

1 Do Abby and Erlend know each other?

2 Where does Abby come from?

Maja	Abby? Så hyggelig å se deg igjen! Hva gjør du her?
Abby	Hei! Lenge siden sist! Jeg er ferdig på jobb og venter på trikken.
Maja	Erlend, dette er min venninne Abby Becker, hun er lærer.
Erlend	Hyggelig å hilse på deg Abby.
Abby	I like måte.
Erlend	Hvor kommer du fra?
Abby	Jeg kommer fra London, men jeg bor i Oslo.
Erlend	Du er veldig flink i norsk!
Abby	Takk! Trikken kommer, vi sees snart. Ha det bra!

3 Read the conversation again and answer the questions.
   a What is Abby's relationship to Maja?
   b What is Abby doing there?
   c What does Abby do for a living?
   d Where does Abby live?
   e What does Erlend tell Abby in the end?

4 Look at the conversation again, then match the Norwegian with the English translation.
   a Så hyggelig å se deg igjen!
   b Hva gjør du her?
   c Dette er min venninne Abby Becker.
   d Du er veldig flink i norsk!

1 Nice seeing you again!
2 What are you doing here?
3 This is my friend Abby Becker.
4 You are very good at speaking Norwegian!

5 Find how Abby says the following in the conversation.
   a I have finished working and I am waiting for the tram.
   b I come from London, but I live in Oslo.
   c The tram is coming!

6 Maja, Erlend and Abby ask each other questions. What words do they use for the following?
   a What
      1 hva
      2 hvor
      3 hvordan
   b How
      1 hva
      2 hvor
      3 hvordan
   c Where
      1 hva
      2 hvor
      3 hvordan

7 What do you think veldig means?
8 What do you think flink means?

Language discovery 2

ASKING AND ANSWERING QUESTIONS

In the following table, you can find Norwegian words used in questions and answers:

Spørreord	Question word
hva	*what*
hvem	*who*
hvor	*where*
hvordan	*how*
hvorfor	*why*
fordi	*because*

når	*when*
hvilken	*which (m / f)*
hvilket	*which (n)*
hvilke	*which (plural)*
hvor mye	*how much*
hvor mange	*how many*

1 Now read those words being used in questions.

Hva heter du?	*What is your name?*
Hvor bor du?	*Where do you live?*
Hvordan har du det?	*How are you?*
Hvor kommer du fra?	*Where are you from?*
Hva gjør du her?	*What are you doing here?*
Er du norsk?	*Are you Norwegian?*
Har han en hund?	*Does he have a dog?*

2 Look at the two examples of questions with and without question words then choose the correct translations for the following questions.

***Hvor** kommer du fra?*	*Where are you from?*
Kommer du fra Oslo?	*Do you come from Oslo?*

a	Bor du i Oslo?	**1**	Are you from London?
b	Hvor bor du?	**2**	Where do you live?
c	Heter du Marit?	**3**	What are you doing?
d	Hvordan har du det?	**4**	Is your name Marit?
e	Kommer du fra London?	**5**	How are you?
f	Hva gjør du?	**6**	What is your name?
g	Hva heter du?	**7**	Do you live in Oslo?

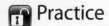 Practice

1 **Read Dialogue 2 again, then rearrange the following translations of Abby, Maja and Erlend's parts so that they are in the correct order.**

Abby	Hi! Long time no see! I have finished working and I'm waiting for the tram.
Abby	I'm from London, but I live in Oslo.
Abby	Likewise.
Abby	Thanks! The tram is coming, see you soon. Bye!
Erlend	Nice meeting you Abby.
Erlend	Where are you from?
Erlend	Your Norwegian is very good!
Maja	Abby? So nice to see you again! What are you doing here?
Maja	Erlend, this is my friend Abby Becker, she's a teacher.

2 **Read the following summary and answer the questions.**

Kjersti og Ella er venninner, de sitter på kafé og snakker sammen. Lars, en gammel venn av Kjersti, kommer og hilser på Ella. Lars er biolog og jobber ved Universitetet i Oslo. Ella er skuespiller og kommer fra Trondheim. Kjersti jobber også ved Universitetet i Oslo, hun er kjemiker og hun driver med forskning der.

    a Who are Kjersti and Ella?
    b Who is Lars?
    c Where does Lars work and what does he do there?
    d Where does Ella come from?
    e What does Ella do for a living?
    f Where does Kjersti work and what does she do there?

3 **Look at the last sentence in the above text, how do you say also / as well in Norwegian?**

? Test yourself

1 Rearrange the words into sentences, do not forget to place the capital letter on the first word.

a ham	snakker	med	hun	.
b du	det	hvordan	har	?
c Frankrike	fra	du	kommer	?
d Norge	og	biolog	bor	jeg i er.
e heter	hva	dere	?	

2 What would you say in the following situations?
  a when you meet a new acquaintance
  b when you meet a friend, you have not seen in a while
  c to your friend, when you go away
  d in the morning, when you arrive at the office

3 How do you ask the following questions?
  a How are you?
  b What is your name?
  c Where are you from?
  d How is it going?

4 Insert the correct verb from the right-hand column.

a Jeg _____ Hanne.	**1** bor
b Han _____ fra USA.	**2** er
c Vi _____ ham.	**3** heter
d Hun _____ flink i norsk.	**4** kommer
e Jeg _____ på trikken.	**5** treffer
f Han _____ i Oslo.	**6** venter

SELF CHECK

I CAN ...
... say *hello* and *goodbye*.
... introduce myself and others.
... say where I come from and where I live.
... use personal pronouns.

2 Hvilket språk snakker du nå?

What language are you speaking now?

In this unit, you will learn how to:
▶ *ask and answer negative questions.*
▶ *answer yes / no questions.*
▶ *talk about what you are doing at the moment.*
▶ *talk about what language(s) you speak.*
▶ *say you (do not) want (to do) something.*

CEFR: (A1) *Can understand and use familiar everyday expressions and very basic phrases. Can get an idea of simpler informational material. Can talk about personal details (name, address, languages spoken). Can handle negative forms.*

Official languages in Norway

While there is no standard spoken Norwegian, the two varieties of written Norwegian **bokmål** and **nynorsk** are both official languages and are used in official documents and laws. Norwegians can learn both languages at school, being able to choose freely which one they will use. Only 10–15 per cent of the population choose **nynorsk**, but there are some **kommuner** (*city councils*) where it is the first language. Since there is no standard official spoken Norwegian, everyone can speak his or her dialect. Norwegians from different areas do not usually have big problems understanding each other, but it can be a challenge for non-native speakers. In those cases, students are usually taught the Oslo dialect, or a variety of Norwegian spoken in the surrounding area, which is more similar to written **bokmål**.

In Norway, people speak **norsk** (*Norwegian*), and **samisk** (*Sami*) in some northern regions, and it is not unusual for Norwegians to understand both **dansk** (*Danish*) and **svensk** (*Swedish*), and sometimes **islandsk** (*Icelandic*) and **færøysk** (*Faroese*). The majority of Norwegians speak very good **engelsk** (*English*). Nowadays many people in Norway also speak **polsk** (*Polish*) and **arabisk** (*Arabic*).

12

There are two possible endings for language names. Can you tell what they are?

Vocabulary builder

 02.01 Listen to the following words, trying to imitate the Norwegian pronunciation. Then complete with the missing translations in English.

LANGUAGES

walisisk	*Welsh*
tysk	*German*
svensk	_____
spansk	_____
skotsk	_____
samisk	_____
russisk	_____
portugisisk	_____
polsk	_____
norsk	_____
nederlandsk	_____
kinesisk	*Chinese*
italiensk	_____
islandsk	_____
irsk	_____
hindi	_____
fransk	_____
finsk	_____
færøysk	_____
engelsk	_____
dansk	_____
arabisk	_____

NATIONALITIES

amerikaner	_____
danske	_____
engelskmann	_____
finne	_____
franskmann	_____
inder	_____
ire	_____

islending	_____
italiener	_____
kineser	*Chinese*
nederlender	_____
nordmann	_____
polakk	_____
portugiser	_____
russer	_____
skotte	_____
spanjol	_____
sveitser	_____
svenske	_____
tysker	*German*
waliser	*Welshman / Welshwoman*
østerriker	_____

NEW EXPRESSIONS

Some of these expressions are used in the following dialogues. Note their meaning and the differences between the various alternatives.

Hvilke språk snakker du?	*What languages do you speak?*
Jeg snakker norsk, italiensk og engelsk.	*I speak Norwegian, Italian and English.*
Hvilket språk snakker du?	*What language are you speaking (lit. do you speak)?*
Jeg snakker norsk nå.	*I am speaking Norwegian now.*
Hvilken type hund er det?	*What kind of dog is that?*
Hvilken lampe liker du?	*What lamp do you like?*

1 How do we say *what / which* **in Norwegian?**

2 Look at the following examples, and choose whether *what / which* **is feminine / masculine, neuter or plural.**

   a Hvilken lampe liker du?
      1 masculine / feminine
      2 neuter
      3 plural (all genders)
   b Hvilket språk snakker du?
      1 masculine / feminine
      2 neuter
      3 plural (all genders)

c Hvilken hund har du?
1 masculine / feminine
2 neuter
3 plural (all genders)

d Hvilke språk snakker du?
1 masculine / feminine
2 neuter
3 plural (all genders)

Dialogue 1

 02.02 Listen carefully to Haakon and Stine talking about what languages they and their friends can speak.

1 Which languages do Haakon and Stine both speak?

2 Which language does Stine not speak?

Stine	Hvilke språk snakker du?
Haakon	Jeg snakker norsk, fransk, tysk, engelsk og italiensk. Hva med deg?
Stine	Jeg snakker også norsk, fransk og engelsk, og jeg forstår litt tysk, men jeg snakker ikke italiensk.
Haakon	Det er mange språk, du er flink! Jeg har en venninne som snakker japansk og kinesisk, hun er veldig flink.
Stine	Å, så bra, de er vanskelige! Hvor bor hun?
Haakon	Hun kommer fra Norge, men hun bor i Tokyo nå.
Stine	Så flott! Kjenner du noen som snakker hindi?
Haakon	Nei, det gjør jeg ikke, hvorfor spør du?
Stine	Fordi jeg har lyst til å lære meg det, men jeg vet ikke om det er vanskelig.
Haakon	Jeg tror det er vanskelig, men du kan godt prøve. Du er flink i språk og du lærer sikkert fort.
Stine	Takk, du er snill!
Haakon	Nå må jeg gå, jeg har en avtale med en venn, jeg lærer ham norsk og han lærer meg portugisisk.
Stine	Å så smart! Vi sees, ha det.
Haakon	Ha det!

3 Re-read the dialogue and answer the following questions.
   a What language does Stine want to learn?
   b Why does she want to meet someone who speaks that language?
   c What language is Haakon learning in exchange for teaching Norwegian?

4 Look at the conversation again, then match the Norwegian with the English translation.
   a Jeg snakker også norsk, fransk og engelsk, og jeg forstår litt tysk, men jeg snakker ikke italiensk.
   b Kjenner du noen som snakker hindi?
   c Takk, du er snill!
   d Fordi jeg har lyst til å lære meg det, men jeg vet ikke om det er vanskelig.
      1 Thanks, you're kind.
      2 I too speak Norwegian, French and English, and I understand a little German, but I don't speak Italian.
      3 Because I want to learn it, but I don't know whether it's difficult.
      4 Do you know anyone who speaks Hindi?

5 How do Haakon and Stine say the following?
   a fantastic
      1 smart
      2 flott
      3 fort
   b quickly
      1 flott
      2 smart
      3 fort
   c intelligent, clever
      1 flott
      2 smart
      3 fort

6 Choose the correct translation for the following expressions with *to teach* and *to learn*.
   a I teach him Norwegian.
      1 Jeg har lyst til å lære norsk.
      2 Jeg lærer meg norsk.
      3 Jeg lærer ham norsk.

b I am learning Norwegian.
   1 Jeg har lyst til å lære norsk.
   2 Jeg lærer meg norsk.
   3 Jeg lærer ham norsk.
c I want to learn Norwegian.
   1 Jeg har lyst til å lære norsk.
   2 Jeg lærer meg norsk.
   3 Jeg lærer ham norsk.

Language discovery 1

1 NEGATIVE SENTENCES

The negative in Norwegian is created by using **ikke**:

Jeg snakker *ikke* fransk.	*I don't speak French.*
Jeg har *ikke* lyst til å lære meg hindi.	*I don't want to learn Hindi.*
Studerer du *ikke* språk?	*Don't you study languages?*
Kommer du *ikke* fra London?	*Don't you come from London?*
Hvorfor jobber du *ikke*?	*Why don't you work?*
Nå bor hun *ikke* i Tokyo.	*She doesn't live in Tokyo now.*

> **LANGUAGE TIP**
>
> We usually say that **ikke** is placed in the third position in a sentence. In *wh-* questions we do not count the *wh-* word and still place **ikke** in the third position.

2 WANTING (TO DO) SOMETHING

As you saw in the last dialogue, when you want to do something you use the expression **å ha lyst til å gjøre noe**, while if you want something you have to use the expression **å ha lyst på noe**, as in the following examples:

Jeg *har lyst til å lære* meg hindi.	*I want to learn Hindi.*
Vi *har lyst på* indisk.	*We want (some) Indian food.*
Hun *har ikke lyst til å lære* seg japansk.	*She does not want to learn Japanese.*
Han *har ikke lyst på* indisk.	*He does not want (any) Indian food.*

1 Change the following sentences into negative ones, as in the example.

Jeg bor i Oslo. Jeg bor ikke i Oslo.

a Guro snakker kinesisk.
b Kommer dere fra USA?
c Du har lyst på kake.
d Han kommer fra Frankrike.
e Hvorfor er du trøtt?
f Har du lyst til å gå tur?

2 Match the Norwegian with the English translation.

a Jeg har lyst til å lære meg spansk.
b Vi har lyst på pizza.
c Hun har ikke lyst til å lære seg kinesisk.
d Han har ikke lyst på fisk.
e Kommer du ikke fra Finland?
f Hvorfor spiser du ikke?
g Nå bor hun ikke i Russland.

1 Don't you come from Finland?
2 He does not want to eat fish.
3 I want to learn Spanish.
4 I would like some pizza.
5 She does not live in Russia now.
6 She does not want to learn Chinese.
7 Why aren't you eating?

Dialogue 2

 02.03 After having explained how negative sentences work, the teacher tells her students to work in groups and practise with one another. Listen carefully to the dialogue before answering the questions.

1 When is Maggie going to Norway?

Lærer	Ok, nå jobber dere i grupper og snakker om ting dere gjør og ikke gjør. Husk å få ikke på riktig plass.
Audrey	Patrick, bor du i Spania?
Patrick	Nei, jeg bor ikke i Spania, jeg bor i England. David bor i Spania.
Sebastian	Wendy, snakker Isabel kinesisk?
Wendy	Ja, det gjør hun. Og hun snakker også fransk.
Heath	Gordon, har du en hund?
Gordon	Ja, det har jeg.
Richard	Ruth, kjenner du Anthony?
Ruth	Nei, jeg gjør ikke det.
Cathleen	Når drar du til Norge, Maggie?
Maggie	Jeg drar ikke til Norge.
Cathleen	Hvorfor ikke?
Maggie	Fordi jeg har ikke tid.

2 Re-read the dialogue and answer these questions.

a Who speaks Chinese?
b Who lives in Spain?
c Who owns a dog?

d Who does not know Anthony?

e Why isn't Maggie going to Norway?

Language discovery 2

1 ANSWERING (NEGATIVE) QUESTIONS

As you can see from the last dialogue, when you are asked a yes / no question you have several ways to answer. This also depends on whether or not the question is negative. Look at these examples and note the differences, then answer the questions.

Bor du i Spania?	*Do you live in Spain?*
Ja, jeg bor i Spania.	*Yes, I live in Spain.*
Nei, jeg bor ikke i Spania.	*No, I don't live in Spain.*
Bor du ikke i Spania?	*Don't you live in Spain?*
Jo, jeg bor i Spania.	*Yes, I live in Spain.*
Nei, jeg bor ikke i Spania.	*No, I don't live in Spain.*

1 What words do we use to say *yes* **in Norwegian?**

2 What word do we use to say *no* **in Norwegian?**

3 Choose the right positive answer to the following questions.

  a Bor han i Stavanger?

    1 Ja, han bor i Stavanger.

    2 Jo, han bor i Stavanger.

  b Bor han ikke i Stavanger?

    1 Jo, han bor i Stavanger.

    2 Ja, han bor i Stavanger.

  c Kommer du fra Norge?

    1 Ja, jeg kommer fra Norge.

    2 Jo, jeg kommer fra Norge.

  d Kommer du ikke fra Norge?

    1 Ja, jeg kommer fra Norge.

    2 Jo, jeg kommer fra Norge.

2 SHORT ANSWERS

Norwegian has short answers and their use is very similar to those used in English, as you can see in the following examples:

Liker du fisk?	*Do you like fish?*
Ja, det gjør jeg.	*Yes, I do.*
Nei, jeg gjør ikke det.	*No, I don't.*

Liker du ikke fisk? *Don't you like fish?*
Jo, det gjør jeg. *Yes, I do.*
Nei, jeg gjør ikke det. *No, I don't.*

4 Translate the answers to the following questions.

  a Snakker du norsk? *Do you speak Norwegian?*
    1 Ja, det gjør jeg. _____
    2 Nei, jeg gjør ikke det. _____
  b Har du en hund? *Do you have a dog?*
    1 Ja, det har jeg. _____
    2 Nei, jeg har det ikke. _____
  c Er hun norsk? *Is she Norwegian?*
    1 Ja, det er hun. _____
    2 Nei, hun er det ikke. _____

5 Complete the following answers. You can also use the translations for help.

  a Snakker han ikke engelsk? *Doesn't he speak English?*
    1 Jo, _____. *Yes, he does.*
    2 Nei, _____. *No, he doesn't.*
  b Har hun ikke en katt? *Doesn't she have a cat?*
    1 Jo, _____. *Yes, she does.*
    2 Nei, _____. *No, she doesn't.*
  c Er han ikke gammel? *Is he not old?*
    1 Jo, _____. *Yes, he is.*
    2 Nei, _____. *No, he is not.*

Practice

1 02.04 **Listen carefully to the following summary and then read it out loud. Try to imitate the Norwegian pronunciation.**

Peder og Jonas bor i Bergen, men Peder kommer ikke fra Bergen, han kommer fra Kristiansand. Amanda kommer fra USA, men nå bor hun i Bergen, fordi hun studerer ved Universitetet. Amanda og Peder er venner, men Amanda kjenner ikke Jonas. Amanda har en venninne som heter Harriet og kommer fra Skottland. Hun studerer språk og snakker engelsk, norsk, fransk og spansk, men de andre snakker bare engelsk og norsk.

2 Read the summary and answer these questions.
   a Where does Peder come from?
   b Where does Amanda come from?
   c Where do they live?
   d Why is Amanda in Norway?
   e What does Harriet study?
   f What languages do Peder, Jonas and Amanda speak?
   g What languages does Harriet speak?

3 Write a paragraph in which you talk about what you do (not) do or have and what languages you do (not) speak or study.

_____
_____
_____
_____

? Test Yourself

1 Change the following sentences into negative ones, as in the example.
   Jeg bor i Oslo. Jeg bor ikke i Oslo.
   a Hun snakker spansk.
   b Har du lyst på indisk?
   c Han lærer seg tysk.
   d Jeg kommer fra England.
   e Har dere lyst til å lære dere fransk?
   f Snakker du norsk?
   g Kommer du fra Australia?

2 Rearrange the words into sentences. Don't forget to place the capital
   letter on the first word.

a	Oslo	jeg	nå	ikke	bor	i	.
b	ikke	du	Bergen	bor	i	?	
c	du	kommer	hvorfor	ikke	?		
d	USA	ikke	kommer	han	fra	.	
e	to	har	ikke	jeg	katter	.	

3 Write a short summary of the first dialogue.

   _____
   _____
   _____
   _____

4 Answer the following questions with information about yourself.
   a Hva heter du?
   b Hvor kommer du fra?
   c Hvor bor du?
   d Hvilke språk snakker du?
   e Hva gjør du nå?
   f Hva har du lyst til å gjøre?

I CAN ...

- ... ask and answer (negative) questions.
- ... say what languages I do (not) speak.
- ... say what I want and do not want to do.
- ... talk about what I am doing now.

3 Hvor mange bøker har du?

How many books do you have?

In this unit, you will learn how to:
▶ *count from 0 to 1,000,000,000.*
▶ *say how old you are.*
▶ *use singular and plural nouns in* a *and* the *forms.*
▶ *use some of the most frequent prepositions.*

CEFR: (A1) *Can understand and use familiar everyday expressions and very basic phrases. Can handle numbers and get an idea of simpler informational material. Can fill in forms with personal details (name, age, address, registration) of yourself and others.*

 ## Numbers

Å telle (*to count*) in Norwegian is not that difficult, once you learn a thing or two. Since Norwegian has three genders, **nummer** (*the number*) **1** can be **én**, **ei** or **ett**, according to which **kjønn** (*gender*) the following **entall** (*singular*) **substantiv** (*noun*) is. However, this happens only for number 1, since all other numbers are **flertall** (*plural*) and the plural form is the same for all genders. As with English, Norwegian numbers from 1 to 20 have a specific name, and so do all other tens, while from 21 to 29 (and from 31 to 39, etc.) one only has to add the unit: 21 is **tjueen** (*20 + one*).

 Do you know what the numbers 45, 67, and 82 are?

Vocabulary builder

03.01 **Listen to the following numbers, and then repeat, trying to imitate the Norwegian pronunciation.**

NUMBERS (0–21)		NUMBERS (TENS AND HUNDREDS)	
null	0	tretti	30
én / ei / ett	1	førti	40
to	2	femti	50
tre	3	seksti	60
fire	4	sytti	70
fem	5	åtti	80
seks	6	nitti	90
sju / syv	7	(ett) hundre	100
åtte	8	(ett) hundre og en	101
ni	9	to hundre	200
ti	10	tre hundre	300
elleve	11	fire hundre og femtiseks	456
tolv	12	(ett) tusen	1,000
tretten	13	sju / syv tusen	7,000
fjorten	14	ti tusen	10,000
femten	15	(ett) hundre tusen	100,000
seksten	16	en million	1,000,000
sytten	17	en milliard	1,000,000,000
atten	18		
nitten	19		
tjue	20		
tjueen	21		

> **LANGUAGE TIP**
>
> There are still many people who count in the old way, where 21 is **én og tyve** (lit. *one and 20*), etc. This is similar to the Danish way of counting. In some areas of Norway, it is very common to encounter people working in shops who still do this, so sometimes you may have to think twice about the amount you need to pay!

1 **Read the numbers in the following examples. Where does the og (and) always come?**

576 **fem hundre og syttiseks**; 5,795 **fem tusen sju hundre og nittifem**; 10,010 **ti tusen og ti**; 3,005 **tre tusen og fem**

 2 **Write the following numbers out as words and then read them out loud.**

   a 56 _____
   b 89 _____
   c 97 _____
   d 74 _____
   e 25 _____
   f 33 _____
   g 110 _____
   h 563 _____
   i 6,897 _____
   j 10,345 _____
   k 40,567 _____
   l 357,500 _____

NEW EXPRESSIONS

Some of these new expressions are used in the following dialogues. Note their meaning and the differences between the various alternatives.

Hvor mange språk snakker du?	*How many languages do you speak?*
Jeg snakker sju språk.	*I speak seven languages.*
Hvor mye te drikker du?	*How much tea do you drink?*
Jeg drikker mye te.	*I drink a lot of tea.*
Hvor mange barn har du?	*How many children do you have?*
Jeg har fem barn.	*I have five children.*
Hvor gammel er du?	*How old are you?*
Jeg er tjue år gammel.	*I'm 20 years old.*
Jeg er tjue år.	*I'm 20 years (old).*
Jeg er tjue.	*I'm 20.*
Jeg har det travelt.	*I'm in a hurry.*
Det er lenge siden sist.	*Long time no see.*

Dialogue 1

03.02 *Daniel meets Amalie at the metro station after not seeing her for a long time and they catch up. Listen carefully to the dialogue before answering the questions.*

1 What does Daniel suggest they do?

Amalie	Hei Daniel, takk for sist!
Daniel	Hei! Det er lenge siden sist, hvordan har du det?
Amalie	Jeg har det bra, takk, hva med deg?
Daniel	Jeg har det også bra. Hva gjør du for tiden?
Amalie	Jeg jobber ved universitetet, jeg er lærer.
Daniel	Så flott, gratulerer!
Amalie	Takk, hva gjør du?
Daniel	Jeg jobber i banken. Bor du fortsatt på Tøyen?
Amalie	Nei, jeg bor på Frogner nå. Hva med deg?
Daniel	Jeg bor på Vinderen, men jeg vil gjerne flytte til Grünerløkka.
Amalie	Ja, det er fint der, men er det ikke mye bråk i helgene?
Daniel	Ja, det er nok det, men jeg er ofte på hytta da, så det er ikke et problem.
Amalie	Jeg skjønner. Det er bra.
Daniel	Har du lyst på noe å drikke? Vi kan sitte på kafé og snakke litt mer.
Amalie	Ja, hvorfor ikke? Jeg har det ikke travelt.
Daniel	Så bra! Da går vi.

2 Read the dialogue again and answer the questions.

   a Where did Amalie live before?
   b Where does she live now?
   c Where does Daniel live?
   d Where does Amalie work?
   e Where does Daniel work?

3 Read the dialogue again, then match the Norwegian with the English translation.

   a Så flott, gratulerer!
   b Hva gjør du for tiden?
   c Jeg har det ikke travelt.
   d Det er ikke et problem.

   1 I'm not in a hurry.
   2 That's great, congratulations!
   3 It's not a problem.
   4 What are you doing at the moment?

4 How do Amalie and Daniel say the following?

a I see.
  1 Hva med deg?
  2 Jeg skjønner.
  3 Hvorfor ikke?
b How about you?
  1 Hva med deg?
  2 Jeg skjønner.
  3 Hvorfor ikke?
c Why not?
  1 Hva med deg?
  2 Jeg skjønner.
  3 Hvorfor ikke?

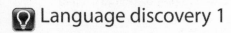

Language discovery 1

1 PREPOSITIONS OF PLACE

In Norwegian there are many prepositions. Here we are going to focus
on two prepositions of place, which are very common and can be used
in a number of different situations. Look at the following table and try to
memorize the differences.

PÅ	English	I	English
På can be used to mean *on*:		**I** can be used to mean *inside*:	
Katten er på skapet. **Flaska er på bordet.**	*The cat is on the cupboard.* *The bottle is on the table.*	**Katten er i skapet.** **Flaska er i kjøleskapet.**	*The cat is in the cupboard.* *The bottle is in the fridge.*
På is also used when you say that you live in a small town (one that has fewer than 8,000 inhabitants):		**I** is used when you say that you live in a (big) city:	
Jeg bor på Portree. **Jeg bor på Hamar.**	*I live in Portree.* *I live in Hamar.*	**Jeg bor i New York.** **Jeg bor i Oslo.**	*I live in New York.* *I live in Oslo.*
På is also used when you live on an island (even if it is as big as Iceland):		**I** is used when you want to say in which country you live (unless it is an island):	
Jeg bor på Skye. **Jeg bor på Island.**	*I live in Skye.* *I live in Iceland.*	**Jeg bor i USA.** **Jeg bor i Norge.**	*I live in the USA.* *I live in Norway.*
When you want to say in which area of a town / city you live, or are, you have to use **på**:		When you want to say in which street, avenue, etc. you live, or are, you have to use **i**:	

Jeg bor på Notting Hill.	I live in Notting Hill.	Jeg bor i Oxford Street.	I live in Oxford Street.
To say that you are in some places, like cafés and schools, you use **på**:		While in other places you use **i**:	
De er på kafé. Jeg er på skolen.	They are at the café. I am at school.	Jeg jobber i banken. Jeg er i butikken.	I work in a bank. I am in the shop.
With the majority of means of transport you use **på**:		But with some you also use **i**:	
Jeg er på trikken. Jeg er på bussen. Jeg er på T-banen. Jeg er på toget. Jeg er på flyet. Jeg er på sykkelen.	I am on the tram. I am on the bus. I am on the metro. I am on the train. I am on the plane. I am on the bike.	Jeg er i bilen. Jeg er i båten.	I am in the car. I am on the boat.

1 Fill in the blanks with the right preposition. (Pay attention, some of the sentences need a different preposition to i or på!)

a Sven og jeg studerer _____ Oslo.

b Kommer du _____ Bergen?

c Jeg bor også _____ Glasgow.

d Vi bor _____ Norge.

e Hotellet ligger _____ Karl Johans gate.

f Du kommer _____ London.

g Boka ligger _____ hylla.

h Melken er _____ kjøleskapet.

i Gloria jobber _____ skolen.

j Han er _____ trikken.

k Dere er _____ kafé.

Dialogue 2

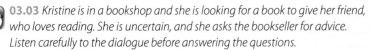

03.03 *Kristine is in a bookshop and she is looking for a book to give her friend, who loves reading. She is uncertain, and she asks the bookseller for advice. Listen carefully to the dialogue before answering the questions.*

1 Why is it difficult to find a suitable book?

2 Where does she go in the end?

Bokhandleren	Hei, kan jeg hjelpe deg?
Kristine	Ja, takk, jeg leter etter ei bok til en venn, men jeg vet ikke helt hva jeg skal kjøpe, han leser mye.
Bokhandleren	Hva er han interessert i?

Kristine	Han er interessert i mange ting, og jeg vil gjerne finne noe spennende.
Bokhandleren	Kanskje en roman? Liker han krim?
Kristine	Ja, men han leser ofte krim, så jeg vet ikke hva han har fra før.
Bokhandleren	Jeg skjønner.
Kristine	Kanskje noe om reiser, han liker å reise.
Bokhandleren	Ja, reisebøkene ligger i andre etasje, ved siden av ordbøker.
Kristine	Tusen takk, jeg skal ta en titt.
Bokhandleren	Bare hyggelig.

3 Read the dialogue again and answer the questions.
  a What is Kristine's friend interested in?
  b What does Kristine's friend like doing?
  c Where are the travel books?

4 Read the dialogue again, then match the Norwegian with the English translation.

  a Han leser mye.   1 I'm going to take a look.
  b Hva er han interessert i?   2 You're welcome.
  c Jeg vil gjerne finne noe   3 He reads a lot.
     spennende.
  d Jeg skal ta en titt.   4 What is he interested in?
  e Bare hyggelig.   5 I would like to find something
                                          exciting.

5 How does Kristine say the following?
  a many things
     1 mange ting
     2 noe
     3 jeg skjønner
     4 kanskje
  b maybe
     1 jeg skjønner
     2 kanskje
     3 før
     4 ved siden av
  c something
     1 mange ting
     2 noe

3 jeg skjønner
4 kanskje

d next to
  1 mange ting
  2 noe
  3 før
  4 ved siden av

e I see
  1 jeg skjønner
  2 kanskje
  3 før
  4 ved siden av

f before
  1 mange ting
  2 noe
  3 før
  4 ved siden av

Language discovery 2

1 SINGULAR AND PLURAL NOUNS, DEFINITE AND INDEFINITE FORMS

Norwegian has three genders: masculine, feminine and neuter. We can recognize the gender of the noun by looking at the singular forms of all three genders. It becomes less easy to recognize the gender from the indefinite plural forms, and it is impossible to tell by looking at the definite plural.

Masculine

Norwegian <u>indefinite singular masculine nouns</u> take the article **en** (*a / an*) before the noun:

en bil	*a car*
en dag	*a day*
en gutt	*a boy*
en katt	*a cat*
en venn	*a friend*
en pizza	*a pizza*
en lærer	*a teacher*
en mann	*a man*

In the <u>definite singular form</u>, the article **en** becomes the end of the noun:

1 Complete the following nouns with the definite ending.

a	bil _____	*the car*
b	dag _____	*the day*
c	gutt _____	*the boy*
d	katt _____	*the cat*
e	venn _____	*the friend*
f	pizza _____	*the pizza*
g	lærer _____	*the teacher*
h	mann _____	*the man*

In the <u>indefinite plural form</u>, most of the nouns change their ending to **-er**:

2 Complete the following nouns with the indefinite plural ending.

a	bil _____	*some cars*
b	dag _____	*some days*
c	gutt _____	*some boys*
d	katt _____	*some cats*
e	venn _____	*some friends*
f	pizza _____	*some pizzas*
g	lærere	*some teachers*
h	menn	*some men*
i	What happens to *teachers* and *men*?	

In the <u>definite plural form</u>, the nouns change their ending to **-ene (-ne)**:

3 Complete the following nouns with the definite plural ending.

a	bil _____	*the cars*
b	dag _____	*the days*
c	gutt _____	*the boys*
d	katt _____	*the cats*
e	venn _____	*the friends*
f	pizza _____	*the pizzas*
g	lærerne	*the teachers*
h	menn _____	*the men*
i	What happens to *teachers*?	

Feminine

Norwegian <u>indefinite singular feminine nouns</u> take the article **ei** (*a / an*) before the noun:

ei dame	*a woman*
ei jente	*a girl*

***ei* kake**	*a cake*
***ei* lampe**	*a lamp*
***ei* skive**	*a slice*
***ei* venninne**	*a (female) friend*
***ei* bok**	*a book*
***ei* natt**	*a night*

In the <u>definite singular feminine form</u>, we add an **-a** at the end of the noun:

4 Complete the following nouns with the definite ending.

a dam _____	*the woman*
b jent _____	*the girl*
c kak _____	*the cake*
d lamp _____	*the lamp*
e skiv _____	*the slice*
f venninn _____	*the (female) friend*
g bok _____	*the book*
h natt _____	*the night*

In the <u>indefinite plural form</u>, most of the nouns change their ending to **-er**, but some also change a vocal at the same time:

5 Complete the following nouns with the indefinite plural ending.

a dam _____	*some women*
b jent _____	*some girls*
c kak _____	*some cakes*
d lamp _____	*some lamps*
e skiv _____	*some slices*
f venninn _____	*some (female) friends*
g bøk _____	*some books*
h nett _____	*some nights*
i What happens to *books* and *nights*?	

In the <u>definite plural form</u>, the nouns change their ending to **-ene**:

6 Complete the following nouns with the definite plural ending.

a dam _____	*the women*
b jent _____	*the girls*
c kak _____	*the cakes*
d lamp _____	*the lamps*
e skiv _____	*the slices*
f venninn _____	*the (female) friends*
g bøk _____	*the books*
h nett _____	*the nights*
i What happens to *books* and *nights*?	

Neuter

Norwegian <u>indefinite singular neuter nouns</u> take the article **et** (*a / an*) before the noun:

et eple	*an apple*
et hotell	*a hotel*
et vindu	*a window*
et bord	*a table*
et brød	*a loaf of bread*
et hjem	*a home*
et hus	*a house*
et kurs	*a course*
et rom	*a room*
et skap	*a cabinet / closet / cupboard*

In the definite singular form, the article **et** becomes the end of the noun:

7 Complete the following nouns with the definite ending.

a	epl _____	*the apple*
b	hotell _____	*the hotel*
c	vindu _____	*the window*
d	bord _____	*the table*
e	brød _____	*the bread*
f	hjemm _____	*the home*
g	hus _____	*the house*
h	kurs _____	*the course*
i	romm _____	*the room*
j	skap _____	*the cabinet / closet / cupboard*
k	What happens to *homes* and *rooms*?	

In the <u>indefinite plural form</u>, the nouns that have more than one vowel change their ending to **-er**, while the nouns with only one vowel just lose the article of the base form and remain unchanged:

8 Complete the following nouns with the indefinite plural ending.

   a epl _____   *some apples*
   b hotell _____   *some hotels*
   c vindu _____   *some windows*
   d bord   *some tables*
   e brød   *some loaves of bread*
   f hjem   *some homes*
   g hus   *some houses*
   h kurs   *some courses*
   i rom   *some rooms*
   j skap   *some cabinets / closets*
   k What happens to the majority of the nouns?

In the <u>definite plural form</u>, the nouns change their ending to **-ene**:

9 Complete the following nouns with the definite plural ending.

   a epl _____   *the apples*
   b hotell _____   *the hotels*
   c vindu _____   *the windows*
   d bord _____   *the tables*
   e brød _____   *the loaves of bread*
   f hjemm _____   *the homes*
   g hus _____   *the houses*
   h kurs _____   *the courses*
   i romm _____   *the rooms*
   j skap _____   *the cabinets / closets*
   k What happens to *homes* and *rooms*?

2 COMPOUND WORDS, DEFINITE AND INDEFINITE FORMS

In Norwegian, it is very common to have compound words. The most important rule these words follow is that they always take the gender of the last noun of the compound. Therefore, if the last noun is neuter with only one vowel, they will not take any **-er** ending in the indefinite plural form.

10 With the help of the previous examples, find out the gender of the following compounds.

   a Barnehage
      1 en
      2 ei
      3 et

b Bokhylle
  1 en
  2 ei
  3 et
c Brødskive
  1 en
  2 ei
  3 et
d Kjøleskap
  1 en
  2 ei
  3 et

11 Match the Norwegian with the English translations.

a	barnehage	**1**	fridge
b	bokhylle	**2**	slice of bread
c	brødskive	**3**	bookshelf
d	kjøleskap	**4**	kindergarten

 Practice

 1 Marte is a Norwegian student writing to her English friend Sebastian, who is learning Norwegian. Read her letter and answer the questions.

Kjære Sebastian,

Jeg heter Marte, er 14 år og bor i Ringsaker, en kommune i Hedmark fylke i Norge. Jeg liker sport og naturen, og har mange kjæledyr hjemme. Jeg har tre hunder, to katter, og en hest. Jeg har også to undulater, de er en type papegøye som kommer fra Australia. Jeg bor på gård, så vi har også andre dyr, som sauer, kyr og geiter. Jeg vil gjerne ha en skilpadde også, men mamma sa jeg ikke får lov dessverre.

Hva med deg? Hvor gammel er du? Hvor bor du? Har du noen dyr? Hva liker du å gjøre? Fortell meg alt!

Beste hilsen
Marte.

a How many pets does Marte have?
b How many dogs does she have?
c How many cats?
d How many birds?
e How many horses?
f What is the animal that she would like but is not allowed to have?

2 How does Marte say the following?

a farm
  1 jeg får ikke lov
  2 gård
  3 dessverre
b unfortunately
  1 jeg får ikke lov
  2 gård
  3 dessverre
c I am not allowed
  1 jeg får ikke lov
  2 gård
  3 dessverre

3 Write a short letter like that written by Marte. Feel free to invent and use as many numbers and new words as possible.

_____

_____

_____

_____

_____

_____

❓ Test yourself

1 Translate the following sentences.
  a They eat a lot of bread.
  b He is 34 years old.
  c I am in a hurry.
  d The books are in the closet.
  e How old are you?
  f She drinks a lot of coffee.
  g The bottle is on the table.

2 Rearrange the words into sentences; don't forget to place the capital letter on the first word.
  a sju   snakker   jeg   språk   .
  b travelt   har   jeg   det   .
  c lenge   er   det   sist   siden   .
  d skapet   står   katten   på   .
  e komme   du   kan   meg   til   ?
  f deg   hjelpe   jeg   kan   ?
  g krim   han   liker   ?

3 Complete the following table:

Entall – singular		Flertall – plural		English translation
Ubestemt – indeterminate	Bestemt – determinate	Ubestemt – indeterminate	Bestemt – determinate	
_____ barnehage				
_____ bokhylle				
_____ brødskive				
_____ kjøleskap				
_____ nattbord				
_____ pauserom				
_____ skrivebord				
_____ spedbarn				
_____ spisebord				
_____ spørsmål				
_____ spørsmålstegn				

I CAN ...
○ ... handle numbers and quantities.
○ ... say how old I am.
○ ... use nouns correctly.
○ ... use new prepositions.
○ ... write a letter to a friend.

R1 Review 1

1 Hei! Hyggelig å treffe deg! *Hi! Nice meeting you!*

1 Match the Norwegian with the English.

a	Jeg snakker med henne.	**1**	He talks to me.
b	Han snakker med meg.	**2**	We talk to them.
c	Vi snakker med dere.	**3**	I talk to her.
d	De snakker med meg.	**4**	We talk to you (plural).
e	Du snakker med oss.	**5**	You (singular) talk to us.
f	Vi snakker med dem.	**6**	They talk to me.

2 Translate the following sentences into English.

- **a** Har hun ei venninne?
- **b** Hvem er du?
- **c** Når kommer du?
- **d** Hva gjør hun der?
- **e** Hva studerer du?
- **f** Hvor studerer du?

3 Translate the following sentences into Norwegian.

- **a** Her name is Maja.
- **b** I live in Bergen, but I come from Stavanger.
- **c** What is your name?
- **d** Abby and Maja are friends.
- **e** Sven is a student.
- **f** Nora is a doctor.

4 Match the question with the correct answer.

a	Hvordan har du det?	**1**	Jeg kommer snart.
b	Hva heter du?	**2**	Jeg har det bra, takk.
c	Hvor kommer du fra?	**3**	Ja, jeg kommer fra Trondheim.
d	Bor du i Oslo?	**4**	Jeg heter Maja.
e	Kommer du fra Norge?	**5**	Jeg kommer fra England.
f	Når kommer du?	**6**	Nei, jeg bor i Bergen.

5 **Complete the following crossword and find the hidden sentence.**

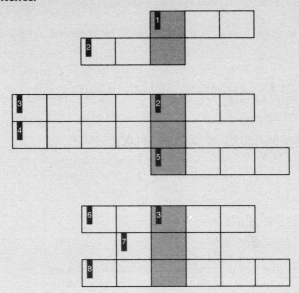

Across:

What is the Norwegian for the following?

1. hello
2. what
3. how
4. (to) come
5. thanks
6. (to) work
7. from
8. (to) speak

Down:

What is the Norwegian for the following?

1. (to) have
2. it
3. well / good

Have you found the hidden sentence? What does it mean? _____

2 Hvilket språk snakker du nå?

What language are you speaking now?

1 Fill in the blanks with the right personal pronoun.

Hei, **a)** _____ heter Grete, og **b)** _____ kommer fra Norge. Og **c)** _____ heter Bernard og kommer fra Australia. **d)** _____ snakker ikke norsk, men **e)** _____ snakker engelsk sammen. Hva heter **f)** _____? **g)** _____ heter Maria og Javier, og **h)** _____ kommer fra Spania. Snakker **i)** _____ engelsk? Nei, **j)** _____ snakker bare norsk og spansk.

2 Translate the following sentences into English.

   a Hvilke språk snakker du?
   b Hvilket språk snakker du?
   c Kommer du ikke fra London?
   d Jeg har lyst til å lære meg hindi.
   e Jo, han bor i Stavanger.
   f Nei, han gjør ikke det.
   g Hun studerer språk.

3 Translate the following sentences into Norwegian.

   a Aren't you Norwegian?
   b Do you live in Oslo?
   c I don't live in Bergen now.
   d I would like to watch a movie.
   e I would like some chocolate.
   f I speak English, Norwegian, Italian, French, German, Swedish and Danish.

4 Answer the following questions. In some cases you can also use short answers.

   a Hva heter du?
   b Hvor bor du?
   c Hvor kommer du fra?
   d Hvilke språk snakker du?
   e Hva gjør du nå?
   f Har du en hund?
   g Har du lyst på sjokolade?
   h Har du ikke lyst til å lære deg norsk?

5 Complete the following crossword and find the mystery word.

Across:

1 What language do people speak in Sweden?
2 What language do Norwegians speak?
3 What language do Russians speak?
4 What language do people speak in the USA?
5 What language do Italians speak?

Down:

Have you found the mystery word? What is it? _____

3 Hvor mange bøker har du? *How many books do you have?*

1 Fill in the blanks with the correct preposition.

a De sitter _____ kafé.
b Jeg går _____ skolen.
c Vi bor _____ Norge.
d Boka er _____ sekken.
e Jeg har lyst _____ å lære meg hindi.
f Kan du komme _____ meg?
g Du kommer _____ London.
h Sven og jeg studerer lingvistikk _____ universitetet.
i Hva skriver du _____ ?

2 Fill in the blanks with the number in brackets.

a Maja har _____ katter og _____ hund. (2, 1)
b Jeg har _____ barn. (5)
c Hvor gammel er du? Jeg er _____ år gammel. (58)
d Hvor mange språk snakker du? Jeg snakker _____ språk. (7)
e Jeg har _____ bøker med meg i dag. (6)

3 Translate the following sentences into Norwegian.

a How many languages do you speak?
b How much bread do you eat?
c I eat a lot of pizza.
d How many children do you have?
e I'm 20.
f Long time no see.

4 Fill in the blanks with the correct form of the nouns in brackets.

a Jeg spiser _____ . (eple)
b _____ snakker bare norsk. (mann)
c _____ er god. (kake)
d Min _____ heter Pia. (venninne)
e _____ ligger i _____ . (hus, by)
f Jeg har lyst på _____ . (brød)
g _____ sitter under _____ . (katt, bord)

5 Complete the following crossword.

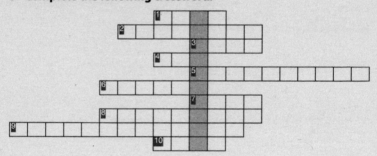

Across:

1 child
2 bookshelf
3 boy
4 day
5 writing desk
6 woman
7 cat
8 slice of bread
9 question mark
10 dog

Down:

Have you found the mystery word? What is it? What does it mean?
_____

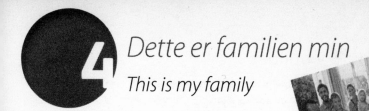

Dette er familien min
This is my family

In this unit, you will learn how to:
▶ *describe your family.*
▶ *use irregular nouns.*
▶ *say days of the week, months and seasons of the year.*
▶ *use possessive pronouns.*
▶ *talk about the meaning of words and ask how things are called in Norwegian.*

CEFR: (A1) *Can talk about family relations and can handle 'irregular' names. Can name months, days and seasons. Can handle possessives and can ask how things are called in Norwegian.*

Family relations

In Norwegian, the words used to refer to one's **foreldre** (*parents*) can be **mamma** (*mum*) and **pappa** (*dad*), or **mor** (*mother*) and **far** (*father*), though the last are not particularly formal, and can also be used directly. When talking about **besteforeldre** (*grandparents*) we can be very specific, as Norwegian not only has **bestemor** (*grandmother*) and **bestefar** (*grandfather*), but also specific words to refer to them: **mormor** (*the mother's mother*), **morfar** (*the mother's father*), **farmor** (*the father's mother*) and **farfar** (*the father's father*). For **oldeforeldre** (*great-grandparents*), we only use **oldemor** (*great-grandmother*) and **oldefar** (*great-grandfather*). When we talk about **søsken** (*siblings*), we have **søster** (*sister*) and **bror** (*brother*). To talk about **barna** (*children*), we have **datter** (*daughter*), **sønn** (*son*), and **barnebarn** (*grandchildren*), and **søskenbarn** (*cousins*) can be a **fetter** (*male cousin*) or a **kusine** (*female cousin*). Furthermore, a **tante** (*aunt*) and **onkel** (*uncle*) can have a **nevø** (*nephew*) or a **niese** (*niece*). A **mann** (*husband*) and **kone** (*wife*) usually have **svigerforeldre** (pl. *in-laws*), specifically a **svigermor** (*mother-in-law*) and a **svigerfar** (*father-in-law*), to which they are **svigersønn** (*son-in-law*) and **svigerdatter** (*daughter-in-law*). If they have siblings, they can also have a **svoger** (*brother-in-law*) or a **svigerinne** (*sister-in-law*).

 What do **tippoldeforeldre**, **tippoldemor** and **tippoldefar** mean?

Vocabulary builder

04.01 Listen to the following words, and then repeat, trying to imitate the Norwegian pronunciation.

DAYS OF THE WEEK

mandag	fredag
tirsdag	lørdag
onsdag	søndag
torsdag	

SEASONS

vinter	*Winter*
vår	*Spring*
sommer	*Summer*
høst	*Autumn*

MONTHS OF THE YEAR

januar	juli
februar	august
mars	september
april	oktober
mai	november
juni	desember

> **LANGUAGE TIP**
> In Norwegian, it is not necessary to begin months, days and seasons with a capital letter.

NEW EXPRESSIONS

Some of these new expressions are used in the following dialogues. Note their meanings and the differences between the various alternatives.

Hva betyr det?	*What does it mean?*
Nå forstår jeg!	*Now I understand!*
Hva heter «fiancé» på norsk?	*What's the Norwegian for 'fiancé'?*
Hva heter Toves forlovede?	*What is the name of Tove's fiancé?*
Hva mener du?	*What do you mean?*
Det er veldig vanskelig å huske alt.	*It's very difficult to remember everything.*
Åse og Martine er kusiner.	*Åse and Martine are cousins.*

Foreldrene mine kommer.	*My parents are coming.*
Min søster heter Astrid.	*My sister's name is Astrid.*
Farfar Arthur kommer med kona si.	*My grandfather is coming with his wife.*
Mammas søster heter Sigrid.	*My aunt's name is Sigrid. (lit. Mum's sister's name is Sigrid.)*
Det blir koselig.	*It's going to be cosy.*
Broren hans heter Ciarán.	*His brother's name is Ciarán.*
Søstera hans heter Siobhán.	*His sister's name is Siobhán.*

Dialogue 1

 04.02 *Gwen is an exchange student in Norway. She and her friend Kenneth are at a party where she just met many new people. He helps her remember people's names and relationships to one another. Listen to the conversation and answer the questions.*

1 What does Gwen notice about the Norwegian words used to say *cousin***?**

Gwen	Hva heter hun som sitter der igjen? Og hvor gammel er hun?
Kenneth	Hun heter Solveig, er 25 år og er kjæresten til Morten.
Gwen	Kjæresten? Jeg forstår ikke, hva betyr det?
Kenneth	Kjæreste betyr «boyfriend», eller «girlfriend».
Gwen	Å, nå forstår jeg! Og hvem er han?
Kenneth	Han er Ola, han er 23, kommer fra Tromsø og er broren til Gudrun.
Gwen	Takk. Og han er … hvordan sier man det? Hva heter «fiancé» på norsk?
Kenneth	Det heter «forlovede».
Gwen	Takk, hva heter Toves forlovede?
Kenneth	Han heter Johan, er 27 år gammel, og kommer fra Tønsberg.
Gwen	Takk. Det er veldig vanskelig å huske alt.
Kenneth	Ja, jeg vet det, men du er flink, og jeg kan hjelpe deg.
Gwen	Takk, du er snill! Hvem er hun som kommer hit?
Kenneth	Hun er Martine, kusina til Åse og Petter.
Gwen	Så Åse, Petter og Martine er søskenbarn, riktig?
Kenneth	Ja, det er helt riktig.
Gwen	Men hva er forskjellen mellom kusine og fetter da?

Kenneth	Åse og Martine er kusiner, for de er kvinner, men Petter er fetteren til Martine og Åse, for han er mann.
Gwen	Å ja! Så dere har tre forskjellige ord for «cousin».
Kenneth	Ja, det er sant.
Gwen	Jeg blir helt forvirret!

2 Re-read the dialogue and answer the following questions.

   a Who are Solveig and Morten?

   b Where do Gudrun and Ola come from?

   c Who are they?

   d Who is Tove?

   e Who are Petter, Åse and Martine?

3 Look at the conversation again, then match the Norwegian with the English translation.

   a Jeg forstår ikke, hva betyr det?

   b Hvordan sier man det?

   c Det er veldig vanskelig å huske alt.

   d Hva heter hun igjen?

   e Hvem er hun?

   f Hva er forskjellen mellom kusine og fetter?

      1 What's the difference between *kusine* and *fetter*?

      2 Who is she?

      3 How do you say that?

      4 It's very difficult to remember everything.

      5 I don't understand, what does it mean?

      6 What's her name again?

4 How do Kenneth and Gwen say the following?

   a difference

      1 vanskelig

      2 forskjellen

      3 forvirret

      4 riktig

   b kind

      1 snill

      2 forvirret

      3 riktig

      4 kjæreste

   c right

      1 snill

      2 vanskelig

      3 riktig

      4 kjæreste

   d fiancé

      1 forskjellen

      2 forvirret

      3 forlovede

      4 kjæreste

e boyfriend / girlfriend
   1 forskjellen
   2 forvirret
   3 forlovede
   4 kjæreste

f puzzled
   1 vanskelig
   2 forskjellen
   3 forvirret
   4 forlovede

g difficult
   1 vanskelig
   2 forskjellen
   3 forvirret
   4 forlovede

💡 Language discovery 1

1 SINGULAR AND PLURAL FAMILY NOUNS, DEFINITE AND INDEFINITE FORMS

Many of the words related to family tend to behave differently from other nouns, especially in the plural indefinite form.

Masculine

Norwegian <u>indefinite singular masculine nouns</u> take the article **en** (*a / an*) before the noun:

***en* bror**	*a brother*
***en* far**	*a father*
***en* fetter**	*a (male) cousin*
***en* forelder**	*a parent*
***en* nevø**	*a nephew*
***en* onkel**	*an uncle*
***en* svoger**	*a brother-in-law*
***en* sønn**	*a son*

In the <u>definite singular form</u>, the article **en** becomes the end of the noun:

1 Complete the following nouns with the definite ending.

a bror _____   *the brother*
b far _____   *the father*
c fetter _____   *the (male) cousin*
d forelder _____   *the parent*
e nevø _____   *the nephew*

f onkel _____	*the uncle*
g svoger _____	*the brother-in-law*
h sønn _____	*the son*

In the <u>indefinite plural form</u>, most of the nouns change their ending to **-er**, but some change their ending to **-re**:

2 Complete the following nouns with the indefinite plural ending.

a brød _____	*some brothers*
b fed _____	*some fathers*
c fette _____	*some (male) cousins*
d foreld _____	*some parents*
e nevø _____	*some nephews*
f onkl _____	*some uncles*
g svoge _____	*some brothers-in-law*
h sønn _____	*some sons*

In the <u>definite plural form</u>, the nouns change their ending to **-ene / -ne**, taking the base form from the indefinite plural:

3 Complete the following nouns with the definite plural ending.

a brødr _____	*the brothers*
b fedr _____	*the fathers*
c fetter _____	*the (male) cousins*
d foreldr _____	*the parents*
e nevø _____	*the nephews*
f onkl _____	*the uncles*
g svoger _____	*the brothers-in-law*
h sønn _____	*the sons*

Feminine

Norwegian <u>indefinite singular feminine nouns</u> take the article **ei** (*a / an*) before the noun:

ei **datter**	*a daughter*
ei **kone**	*a wife*
ei **kusine**	*a (female) cousin*
ei **mor**	*a mother*
ei **niese**	*a niece*
ei **svigerinne**	*a sister-in-law*
ei **søster**	*a sister*
ei **tante**	*an aunt*

In the <u>definite singular feminine form</u>, we add an **-a** at the end of the noun:

4 Complete the following nouns with the definite ending.

a	datter _____	*the daughter*
b	kon _____	*the wife*
c	kusin _____	*the (female) cousin*
d	mor _____	*the mother*
e	nies _____	*the niece*
f	svigerinn _____	*the sister-in-law*
g	søster _____	*the sister*
h	tant _____	*the aunt*

In the <u>indefinite plural form</u>, most of the nouns change their ending to **-re**, some to **-er**, and some also change a vocal at the same time:

5 Complete the following nouns with the indefinite plural ending.

a	døt _____	*some daughters*
b	kon _____	*some wives*
c	kusin _____	*some (female) cousins*
d	mød _____	*some mothers*
e	nies _____	*some nieces*
f	svigerinn _____	*some sisters-in-law*
g	søst _____	*some sisters*
h	tant _____	*some aunts*
i	What happens to *daughters* and *mothers*?	

In the <u>definite plural form</u>, the nouns change their ending to **-ene**, taking the base form from the indefinite plural:

6 Complete the following nouns with the definite plural ending.

a	døtr _____	*the daughters*
b	kon _____	*the wives*
c	kusin _____	*the (female) cousins*
d	mødr _____	*the mothers*
e	nies _____	*the nieces*
f	svigerinn _____	*the sisters-in-law*
g	søstr _____	*the sisters*
h	tant _____	*the aunts*
i	What happens to *daughters* and *mothers*?	

Neuter

Norwegian <u>indefinite singular neuter nouns</u> take the article **et** (*a / an*) before the noun:

et barn	*a child*
et barnebarn	*a grandchild*
et søsken	*a sibling*
et søskenbarn	*a cousin*

In the <u>definite singular form</u>, the article **et** becomes the end of the noun:

7 Complete the following nouns with the definite ending.

    a barn _____   *the child*

    b barnebarn _____   *the grandchild*

    c søsken _____   *the sibling*

    d søskenbarn _____   *the cousin*

In the <u>indefinite plural form</u>, the nouns that have more than one vowel change their ending to **-er** (**søsken** being an exception), while the ones with only one vowel, and the compounds made from those, just lose the article of the base form and remain unchanged:

8 Complete the following nouns with the indefinite plural ending. What happens to them?

    a _____   *some children*

    b _____   *some grandchildren*

    c _____   *some siblings*

    d _____   *some cousins*

In the <u>definite plural form</u>, some nouns change their ending to **-ene**, some to **-a**, taking the base form from the indefinite plural:

9 Complete the following nouns with the definite plural ending.

    a barn _____   *the children*

    b barnebarn _____   *the grandchildren*

    c søskn _____   *the siblings*

    d søskenbarn _____   *the cousins*

    e What happens to *the siblings*?

LANGUAGE TIP

The word **barn** (*child*) is neuter, and is also one of the very few exceptions to the plural **-ene** ending, since it takes an **-a** at the end of the definite plural form:

et barn	*a child*
barnet	*the child*
barn	*some children*
barna	*the children*

---

10 Translate the following sentences into Norwegian.

   a The girls are playing.
   b The children are sleeping.
   c She has a child.
   d The mother is singing.
   e The fathers are talking.
   f This is my grandmother.
   g I have an uncle and an aunt.

2 SOME POSSESSIVE FORMS

As in English, Norwegian adds an **-s** at the end of the owner's name to indicate possession, but the apostrophe, and in this case not the **-s**, is only used when the owner's name already ends in **-s**.

Toves forlovede heter Johan.	*Tove's fiancé is Johan.*
Martines bil er blå.	*Martine's car is blue.*
Lars' sønn heter Daniel.	*Lars' son is Daniel.*

Another way to say that something belongs to someone, or that someone is related to someone else, is by using the preposition **til**, as in the following examples:

Hun er dattera *til* Marte.	*She is Marte's daughter.*
Denne er boka *til* Marius.	*This is Marius' book.*

11 Fill in the blanks with the noun in the right form.

   a Toves _____ heter Johan. (*brother*)
   b Martines _____ er blå. (*house*)
   c Lars' _____ heter Daniel. (*son*)
   d Hun er _____ til Marte. (*daughter*)
   e Den er _____ til Marius. (*dog*)

12 Match the Norwegian with the English translation.

   a Denne er min bok.
   b Du er søstera til Magnus.
   c Bilen til Ulf er svart.
   d Denne boka er min.
   e Miriams kjæreste heter Karl.
   f Han er Jons fetter.
      1 Miriam's boyfriend is Karl.
      2 Ulf's car is black.

3 He is Jon's cousin.
4 You are Magnus' sister.
5 This is my book.
6 This book is mine.

3 SOME ADVERBS OF PLACE

In Norwegian *here* is either **her** or **hit**, and *there* is either **der** or **dit**.

Jeg er *her*.	*I am here.*
Jeg kommer *hit*.	*I come here.*
Du er *der*.	*You are there.*
Du går *dit*.	*You go there.*

13 Fill in the blanks with the correct adverb of place.

a Kan du komme _____ ? (*here*)
b Hva heter hun som sitter _____ igjen? (*there*)
c Hva gjør du _____ ? (*here*)
d Når drar du _____ ? (*there*)
e Dere kommer _____ i morgen. (*here*)
f Han står _____ og venter. (*there*)
g Vi ligger _____ og soler oss. (*here*)
h Kan du gå _____ og se om hun kommer? (*there*)

Dialogue 2

 **04.03** *Kristine invites her English friend Daisy to a family reunion, and she explains to her which relatives are coming. Then she asks her about her own family. Listen carefully to the dialogue before answering the questions.*

1 How many siblings does Kristine have?

Kristine	Foreldrene mine kommer, de heter Arne og Inger, og så søsknene mine: min søster, Astrid, er 23 år gammel og broren min Espen er 29, og er gift med Siri, hun er også 29, og de har et barn på 2 år, hun heter Camilla.
Daisy	Så Siri er din svigerinne, riktig?
Kristine	Ja, akkurat. Morfar Magnus og mormor Guro kommer også, og de tar med min oldemor Ragnhild, som er snart 99, og farfar Arthur kommer med sin kone, farmor Oddbjørg.
Daisy	Å så bra!

Kristine	Mine tanter og onkler kommer også, med sine barn og barnebarn.
Daisy	Søskenbarna dine?
Kristine	Ja, nettopp. Tante Gunhild, mannen hennes, Aleksander, og deres tre sønner, Elias, Gunnar og Viktor, kommer også snart. Og så kommer onkel Frode med sin kone, Merete, og deres fire barn: tre jenter, Pernille, Iselin og Lisbeth, og én gutt, Kjetil, med datteren på ett år, Helene. Jeg har også to tanter til, tante Sigrid, mammas søster, og hennes samboer, tante Bergljot.
Daisy	Du har en veldig stor familie.
Kristine	Ja, familien vår er ganske stor.
Daisy	Å, jeg gleder meg til å treffe dem!
Kristine	Det blir koselig, hva med din familie? Er den også stor?
Daisy	Nei, ikke så stor, jeg er enebarn og moren min har bare en søster, hun heter Clarissa, og datteren hennes heter Penelope. Faren min har en bror og en søster. Broren hans heter Ciarán, og søsteren hans heter Siobhán. Onkel Ciarán er gift med tante Abigail, og deres datter heter Beatrice. Tante Siobhán og hennes samboer Leroy venter sitt første barn nå, men de vet ikke om det er gutt eller jente.
Kristine	Så spennende! Hva med besteforeldrene dine?
Daisy	Jeg har bare mormoren min igjen, hun heter Faith og er 89 år gammel.

2 Re-read the dialogue above and answer the following questions.

  a How many cousins does Kristine have?

  b How many cousins does Daisy have?

  c How many aunts and uncles does Kristine have?

  d How many aunts and uncles does Daisy have?

  e How many grandparents and great-grandparents does Kristine have?

  f How many grandparents does Daisy have?

3 Look at the conversation again, then match the Norwegian with the English translation.

  a Jeg er enebarn og mora mi har bare ei søster.

  b Foreldrene mine kommer, de heter Arne og Inger.

c Mine tanter og onkler kommer også.

d Du har en veldig stor familie.

e Jeg gleder meg til å treffe dem!

f Det blir koselig.

g Hva med besteforeldrene dine?

   1 It will be nice.

   2 I am an only child and my mother has got only one sister.

   3 What about your grandparents?

   4 You have a very big family.

   5 My parents are coming, their names are Arne and Inger.

   6 I'm looking forward to meeting them!

   7 My aunts and uncles are also coming.

4 How do Daisy and Kristine say the following?

a only child

   1 familie

   2 enebarn

   3 samboer

   4 gift

b partner

   1 familie

   2 enebarn

   3 samboer

   4 gift

c married

   1 familie

   2 enebarn

   3 samboer

   4 gift

d family

   1 familie

   2 enebarn

   3 samboer

   4 gift

5 Underline all the possessive pronouns in the dialogue and answer the following questions.

a How many possessive pronouns can you find?

b What pronouns are used when talking about one's own?

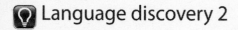

Language discovery 2

POSSESSIVE PRONOUNS

Possessive pronouns in Norwegian can be tricky, so it is very important to have a clear picture of what they mean. Look at the following table and note the differences, then complete the exercise.

Entall – singular						Flertall – plural	
Hankjønn – masculine		Hunkjønn – feminine		Intetkjønn – neuter		M–F–N	
min	*my*	mi	*my*	mitt	*my*	mine	*my*
din	*your(s)*	di	*yours*	ditt	*yours*	dine	*yours*
sin	*his / her / its own*	si	*his / her / its own*	sitt	*his / her / its own*	sine	*his / her / its own*
hans	*his*	hennes	*her(s)*	dets	*its*	deres	*their(s)*
vår	*our(s)*	vår	*our(s)*	vårt	*our(s)*	våre	*our(s)*
deres	*your(s)*	deres	*your(s)*	deres	*your(s)*	deres	*your(s)*
sin	*their own*	si	*their own*	sitt	*their own*	sine	*their own*
deres	*their(s)*	deres	*their(s)*	deres	*their(s)*	deres	*their(s)*

1 Translate the following into English.

a Foreldrene mine kommer.

b Min søster heter Astrid.

c Siri er din svigerinne.

d Farfar Arthur kommer med kona si.

e Mine tanter og onkler kommer også med sine barn og barnebarn.

f Tante Gunhild og mannen hennes, Aleksander, kommer med sine tre sønner.

g Og så kommer onkel Frode og kona hans Merete, og deres fire barn.

h Mammas søster, kommer med sin samboer, tante Bergljot.

i Familien vår er ganske stor.

j Mora mi har bare ei søster.

k Tante Siobhán og hennes samboer Leroy venter sitt første barn nå.

l Det er mitt ansvar, ikke ditt!

2 Choose the two correct translations for each of the following expressions.

a my mother

    1 mora mi

    2 mor mi

    3 min mora

    4 min mor

b her partner
   1 hennes samboeren
   2 hennes samboer
   3 samboer hennes
   4 samboeren hennes
c your child
   1 ditt barn
   2 barn ditt
   3 ditt barnet
   4 barnet ditt

3 Match the Norwegian with the English translation.

a	Han snakker med broren sin.	**1**	He's talking to her brother.
b	Hun snakker med broren sin.	**2**	He's talking to his own brother.
c	Han snakker med broren hennes.	**3**	She's talking to his brother.
d	Hun snakker med broren hennes.	**4**	He's talking to his brother.
e	Han snakker med broren hans.	**5**	She's talking to her own brother.
f	Hun snakker med broren hans.	**6**	She's talking to her brother.

Practice

1 Read the following and answer the questions.

Peder og Amanda snakker sammen om sine familier. Peder har fire søsken, brødrene hans heter Karl og Johan, og søstrene hans heter Aurora og Margarete. Peder har også mange søskenbarn, og han liker å gå på hyttetur med familien sin. Amanda har ei tvillingsøster, hun heter Rachel og bor i London. Amanda savner søstera si, men de snakker ofte med hverandre. Familien til Amanda kommer snart til Norge på besøk, og Amanda gleder seg veldig mye til det.

   a What are Amanda and Peder talking about?
   b How many siblings does Peder have?
   c Does Amanda have a brother?
   d Does Amanda miss her family?
   e What is Amanda's family soon going to do?
   f Is Amanda happy about it?

2 Write a short text in which you talk about your family.

_____

_____

_____

_____

_____

_____

3 Write a short summary of the second dialogue.

_____

_____

_____

_____

_____

_____

? Test yourself

1 Translate the following sentences.

   a I have one sister and two brothers.
   b She is my aunt.
   c My uncle has two children.
   d Her grandfather is 98 years old.
   e His wife's name is Astrid.
   f My female cousin is 20 years old.

2 Rearrange the words into sentences; do not forget to place the capital letter on the first word.

   a gammel   hun   hvor   er   ?
   b fetter   er   mellom   forskjellen   hva   kusine   og   ?
   c mor   min   Laura   heter   .
   d Tromsø   kommer   Gudrun broren   fra   og   Ola   til   er .

3 Answer the following questions with information about yourself and your family.

   a Har du noen søsken?
   b Hvor mange søskenbarn har du?
   c Hvor mange barn har du?
   d Hva heter foreldrene dine?
   e Hvor mange onkler og tanter har du?

SELF CHECK

I CAN ...
... talk about my family.
... use different possessive forms.
... talk about days, months and seasons.

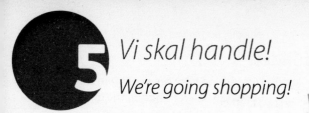

5 Vi skal handle!

We're going shopping!

In this unit, you will learn how to:
▶ *find out how much things cost and talk about quantity and quality of objects.*
▶ *talk about size and colours when buying clothes.*
▶ *use modal verbs and the future tense.*
▶ *state opinions and talk about likes and dislikes.*

CEFR: (A1) *Can handle quantities, qualities (colours, sizes, etc.) and costs, and can ask people for things.*

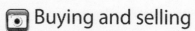 Buying and selling

The Norwegian currency is called **kroner**, or **NOK** (*Norwegian Crown*). There are **mynter** (*coins*) and **sedler** (*notes*); however, in Norway it is very common **å betale med kort** (*to pay by card*) even for cheaper items. When you **kjøper** (*buy*) something, you receive a **kvittering** (*receipt*) and if you buy groceries, you are usually asked if you need to buy a **pose** (*bag*). In Norway **priser** (*prices*) are quite **høye** (*high*), and things **dyre** (*expensive*). If you need **å spare penger** (*to save money*), and are looking for something **billig** (*cheap*), you can **se etter** (*look for*) **tilbud** (*discounts*) and **salg** (*sales*).

a What do the words **høye** and **dyre** have in common?
b Can you tell if they are plural or singular, and how?

Vocabulary builder

05.01 Listen to the following words and then repeat, trying to imitate the Norwegian pronunciation. Then complete the missing English translations.

CLOTHES

bluse (ei)	_____
bobledress (en)	*quilted overall (commonly worn in Norway)*
bukse (en) / bukser	*trouser(s)*
genser (en)	*sweater / jumper*
hanske (en)	*glove(s)*
hatt (en)	_____
jakke (ei)	_____
kjole (en)	*dress*
lue (ei)	*beret*
regnjakke (ei)	*rain jacket*
skjerf (et)	*scarf*
skjorte (ei)	*shirt*
skjørt (et)	*skirt*
sko (en)	*shoe(s)*
sokk (en)	_____
strømpebukse (en)	*tights*
støvel (en)	*boot(s)*
t-skjorte (ei)	_____
ullgenser (en)	*woollen sweater*
vott (en)	*mitten(s)*

> **LANGUAGE TIP**
> Beware of false friends! In Norwegian, **en dress** means *a suit*, and **et slips** means *a tie*.

COLOURS

blå	_____
grønn	_____
grå	_____
gul	*yellow*
hvit	*white*
lilla	*lilac*
fiolett	*violet*

oransje	*orange*
rosa	*pink*
rød	_____
svart	*black*

NEW EXPRESSIONS

Some of these new expressions are used in the following dialogues. Note their meanings and the differences between the various alternatives.

AT THE SHOP

Hva koster det?	*How much does it cost? (lit. What does it cost?)*
Hvor mye blir det?	*How much is it?*
Hvor mye koster det?	*How much does it cost?*
Vil du ha en pose?	*Do you want a bag?*
Vil du ha kvitteringen?	*Do you want the receipt?*
Hvor er prøverommet?	*Where is the fitting room?*
Hvilken størrelse er det?	*What size is this?*
Finnes det/den i flere farger?	*Does it come in more colours?*
Det stemmer.	*That's right.*

Dialogue 1

05.02 *Sara needs to buy a present for her friend's birthday so she goes to the store with Nora to find something. Listen carefully to the dialogue before answering the questions.*

1 What do Sara and Nora buy Hanna for her birthday?

2 How much is it?

Sara	Vi må kjøpe noe til Hanna. Skal vi kjøpe henne en fin genser?
Nora	Jeg vet ikke helt, hun liker bare sportsklær. Det er alltid så vanskelig å finne gaver til henne.
Sara	Ja, du har rett, vi kan kjøpe et par hansker, hva synes du?
Nora	Nei, hun har hansker og de er helt nye. Hva med en lue?
Sara	Ja, det er en god idé. Hvilken lue? Denne eller denne?
Nora	Hun liker ikke rosa. Finnes det ikke i flere farger?

Sara	Jo, de finnes i blå og grønn, eller i grå. Hvor mye koster de?
Nora	De koster 299 kroner per stykke.
Sara	Det er ikke så billig, men det går fint. Vi tar den i blå og grønn, den andre er kjedelig.
Nora	Jeg er enig. Kan vi få se på genserne? Jeg vil gjerne kjøpe noe nytt for meg selv.
Sara	Ja, vi kan sikkert gjøre det.
Nora	Jeg bør prøve denne genseren. Hvor er prøverommene?
Sara	De er der borte.

3 **Listen again to the dialogue and answer the following questions.**
   a Why are Nora and Sara shopping?
   b Why do they not buy gloves for Hanna?
   c Where are the fitting rooms?

4 **How would you translate the following sentences?**
   a Jeg bør prøve denne genseren.
   b Vi må kjøpe noe til Hanna.
   c Skal vi kjøpe henne en fin genser?
   d Kan vi se på genserne?
   e Jeg vil gjerne kjøpe noe nytt for meg selv.
      1 Can we look at the sweaters?
      2 I should try this sweater on.
      3 Should we buy her a nice sweater?
      4 I would like to buy something new for myself.
      5 We have to buy something for Hanna.

5 **What words do Nora and Sara use for the following?**
   a presents
      1 sikkert
      2 gaver
      3 farger
   b colours
      1 sikkert
      2 gaver
      3 farger

c surely

   1 sikkert

   2 gaver

   3 farger

6 Choose the correct translation for the following expressions with *to like* **and** *would like.*

a She only likes sporty clothes.

   1 Jeg vil gjerne kjøpe noe nytt.

   2 Hun liker bare sportsklær

   3 Hun liker ikke rosa.

b She does not like pink.

   1 Jeg vil gjerne kjøpe noe nytt.

   2 Hun liker bare sportsklær

   3 Hun liker ikke rosa.

c I would really like to buy something new.

   1 Jeg vil gjerne kjøpe noe nytt.

   2 Hun liker bare sportsklær

   3 Hun liker ikke rosa.

Language discovery 1

1 MODAL VERBS

Modal verbs are verbs which usually accompany other verbs and give additional information about them. They also express possibility, obligation, necessity and intention.

1 Read Dialogue 1 again and find the expressions that mean:

a We have to (must) buy something.

b I want to buy something for myself.

c I should try it on.

d Shall we buy her a sweater?

Norwegian modal verbs are similar to English modal verbs, with the exception of the verb **å skulle** (and sometimes **å ville**), which is also used to express a future intention:

INFINITIVE	PRESENT TENSE	ENGLISH
å skulle	**jeg / du / etc. ... skal**	*shall / will*
å måtte	**jeg / du / etc. ... må**	*must / have to*
å ville	**jeg / du / etc. ... vil**	*want / will*
å burde	**jeg / du / etc. ... bør**	*should*
å kunne	**jeg / du / etc. ... kan**	*can*

Modal verbs behave differently from other verbs: they do not take the **-r** ending in the present tense, but they are still the same whatever the subject is (see Unit 1). In Norwegian, modal verbs are always followed by another verb in the infinite form without the **å**.

Hun *vil ha* en kopp kaffe.	*She would like (lit. she wants) to have a cup of coffee.*
Du *må gå* nå.	*You have to leave now.*
Han *bør lese*.	*He should study.*
Skal jeg *åpne* vinduet?	*Shall I open the window?*
Kan du *ringe* meg i morgen?	*Can you call me tomorrow?*

2 THE FUTURE TENSE

In Norwegian, there are several ways to talk about the future:

Skal + verb

Vi *skal* (reise)* i morgen.	*We will leave tomorrow.*

*Motion verbs can be omitted in the future tense with **skal**. This is the only time when it is possible to omit the verb. No other verbs can be omitted.

Jeg *skal* ringe deg snart.	*I will call you soon.*

Present tense

Vi *reiser* i morgen.	*We are leaving tomorrow.*
Flyet *kommer* kl. 16.40.	*The plane lands at 16.40.*
Det *blir* fint å se dere igjen.	*It will be nice to see you again.*

Kommer til å + verb

Det *kommer til å* regne snart.	*It is going to rain soon.*
Det *kommer til å* bli en koselig kveld.	*It is going to be a cosy / nice evening / night.*

Vil + Verb

Det *vil* vise seg at jeg har rett.	*You'll see that I'm right.*
Det *vil* skje snart.	*It's going to happen soon.*

2 Translate the following sentences into Norwegian using the expressions you have just learned.

a Vi skal reise i morgen.
b Det kommer til å regne snart.
c Han drar i morgen.
d Flyet kommer kl. 16.40.
e Det vil skje snart.
f Toget drar kl. 13.00.
g Jeg ringer deg i morgen.

1 It's going to rain soon.
2 The train leaves at noon.
3 I will call you tomorrow.
4 He's leaving tomorrow.
5 We will leave tomorrow.
6 The plane lands at 16.40.
7 It's going to happen soon.

Dialogue 2

 05.03 *Bente and Tore meet Michelle, their French neighbour at the hall of residence, and they talk about what they are going to do tomorrow. Listen carefully to the dialogue before answering the questions.*

1 What are Tore and Bente going to do tomorrow?

2 Does Michelle know the band?

Bente og Tore	Hei Michelle, hvordan går det?
Michelle	Det går veldig bra, takk. Hva med dere?
Bente	Det går bra med oss også, takk.
Tore	Ja, det gjør det, vi skal på konsert i morgen.
Michelle	Å, så bra! Hvilket band er det som spiller?
Bente	Det er vårt favorittband …
Tore	Kaizers Orchestra.
Michelle	Å, jeg synes de er fantastiske! Hvor spiller de?
Bente	De skal spille på Operaen.
Tore	Det kommer til å bli supert!
Michelle	Ja, det blir det sikkert.
Tore	Vil du bli med?
Bente	Ja! Det er en flott idé, kom!
Michelle	Gjerne det, takk.
Bente	Bra! Da skal vi kjøpe én billett til.
Michelle	Å nei, vent! Jeg jobber i morgen.
Tore	Nei, det er synd.
Michelle	Ja, men kanskje neste gang …

3 **Re-read the dialogue and answer the following questions.**
  a What do they ask Michelle?
  b What does she answer at first?
  c Then what does she say?

4 **Look at the conversation again, then match the Norwegian with the English translation.**
  a Vil du bli med?   **1** It's a pity.
  b Det er en flott idé!   **2** Do you want to come with us?
  c Da skal vi kjøpe én billett til.   **3** It's a wonderful idea!
  d Det er synd.   **4** Then we'll buy one more ticket.

5 **How do Bente, Tore and Michelle say the following?**
  a group
    1 supert
    2 billett
    3 band
    4 kanskje
  b wonderful
    1 supert
    2 kanskje
    3 gjerne
    4 flott
  c great
    1 supert
    2 kanskje
    3 gjerne
    4 flott
  d gladly
    1 supert
    2 kanskje
    3 gjerne
    4 flott
  e ticket
    1 billett
    2 band
    3 kanskje
    4 gjerne

f maybe
  1 supert
  2 kanskje
  3 gjerne
  4 flott

Language discovery 2

1 ADJECTIVES (INDEFINITE)

Norwegian adjectives are placed before the noun. If the noun is plural, then the adjective becomes plural. For example, in English we say *red hats*, but in Norwegian it becomes *reds hats* (**røde hatter**). The adjective will also change depending on whether the noun is masculine, feminine or neuter, for example, **en blå genser**, **ei blå lue**, **et blått skjerf**.

Masculine and feminine

When adjectives do not take any ending, they are in the basic form. The basic form is used when the adjective describes words that have **en** (masculine) and **ei** (feminine) in front:

1 Match the Norwegian with the English translation.

a	en fin genser	**1**	a cheap beret
b	en rød genser	**2**	a cheap hat
c	en norsk gutt	**3**	a green beret
d	en billig hatt	**4**	a green sweater
e	en grønn genser	**5**	a new (female) friend
f	en ny venn	**6**	a new friend
g	ei fin jente	**7**	a nice girl
h	ei rød lampe	**8**	a nice sweater
i	ei norsk jente	**9**	a Norwegian boy
j	ei billig lue	**10**	a Norwegian girl
k	ei ny venninne	**11**	a red lamp
l	ei grønn lue	**12**	a red sweater

Neuter

When the adjective describes a word that has **et** in front (neuter), the adjective has a **-t** added at the end:

2 Complete the adjective with the right ending.

  a et fin _____ hus   *a nice house*
  b et rød _____ hus   *a red house*
  c et grøn _____ eple   *a green apple*

When the basic form is short and contains only one vowel, the adjective has **-tt** added at the end of the neuter form:

3 Complete the adjective with the right ending.

   a   et ny _____ hus   *a new house*

   b   et blå _____ skjerf   *a blue scarf*

However, some adjectives may use the basic form also for neuter words:

▶ if an adjective ends in **-sk**.

▶ if an adjective ends in **-ig**.

▶ if an adjective ends in **-e**.

Look at the following examples:

et *norsk* hus	*a Norwegian house*
et *fantastisk* liv	*a fantastic life*
et *moderne* hus	*a modern house*
et *billig* skjerf	*a cheap scarf*

Plural

When the adjective describes a plural word, the adjective has an **-e** added at the end:

4 Match the Norwegian with the English translation.

a	røde gensere	**1**	cheap clothes
b	fine gensere	**2**	green shoes
c	røde lamper	**3**	new friends
d	fine lamper	**4**	nice houses
e	røde hus	**5**	nice lamps
f	fine hus	**6**	nice sweaters
g	norske flagg	**7**	Norwegian flags
h	billige klær	**8**	red houses
i	nye venner	**9**	red lamps
j	grønne sko	**10**	red sweaters

When using the verb

When we describe things through adjectives, we can also say that something is *good / bad / beautiful*, etc. by putting the adjective after the verb. When doing this, the noun has to be in the definite form (so not **en gutt** but **gutten**, etc.).

5 Choose the right translation for the following sentences.

   a   The boy is kind.

      1   Gutten er snillen.

      2   Gutten er snill.

b The jacket is nice.
   1 Jakka er fin.
   2 Jakke er fin.
c The bread is fresh.
   1 Brød er ferskt.
   2 Brødet er ferskt.
d The buns are good.
   1 Bollene er gode.
   2 Bolle er gode.

EXCEPTIONS

Some adjectives behave in a different way, and change completely depending on whether the noun they describe is masculine, feminine, neuter or plural. Look at the examples below and note the differences.

en annen gutt	*another boy*
ei anna jente	*another girl*
et annet hus	*another house*
andre folk	*other people*
en liten gutt	*a little boy*
ei lita jente	*a little girl*
et lite hus	*a small house*
små barn	*small children*

---

2 ADJECTIVES (DEFINITE)

If the adjective comes after a possessive pronoun (**min**, **mitt**, **din**, **ditt**, etc.), or after a demonstrative pronoun (**den**, **det**, **denne**, **dette**, etc.), it has an **-e** added at the end, as with the plural form.

In Norwegian, there is a rule called double determination (**dobbelt bestemmelse**), which means that when there is an adjective between the definite article and the noun, both the adjective and the noun have to be in the definite form:

den* slitne gutt*en	*the tired boy*
den* vakre kvinn*en	*the beautiful woman*
det* pene barn*et	*the beautiful child*
de* dyre sko*ene	*the expensive shoes*

This does not work for possessive forms. Then, the noun remains in the indefinite form:

mitt store hus	*my big house*
hans nye hund	*his new dog*
Lars' nye bil	*Lars' new car*

6 Look at the examples and choose the correct Norwegian translation.

a my new house
   1 mitt store hus
   2 mitt stort hus

b the beautiful woman
   1 den vakker kvinnen
   2 den vakre kvinnen

c The bread is fresh.
   1 Brødet er ferskt.
   2 Brødet er fersk.

d The boy is kind.
   1 Gutt er snill.
   2 Gutten er snill.

e a nice house
   1 et fint hus
   2 et fine hus

f a red lamp
   1 ei røde lampe
   2 ei rød lampe

g a Norwegian girl
   1 ei norsk jente
   2 ei norske jente

h a cheap scarf
   1 et billigt skjerf
   2 et billig skjerf

i expensive clothes
   1 dyrt klær
   2 dyre klær

Practice

1 05.04 **Listen to Maja describing what she is wearing today and what she likes wearing, then read the text out loud and answer the questions.**

I dag har jeg på meg en lyseblå t-skjorte, en mørkegrå genser, et grønt skjørt, en svart strømpebukse og mørkegrå sko. Så har jeg på meg en rød jakke, svarte votter og et lilla skjerf. Jeg er veldig glad i å bruke skjørt og jeg gjør det ofte, selv om det er kaldt ute. Jeg liker både lyse og mørke farger, men jeg synes mørke farger kan være kjedelige noen ganger. Jeg hater å bruke høyhælte sko.

a How does she say *I am wearing …*?
b How does she say *I love wearing a skirt*?
c How does she say *I like …*?
d How does she say *I hate …*?
e What words does Maja use to talk about light and dark?

LANGUAGE TIP

In Norwegian there are various ways to say that we *love, hate, like something or someone*. Look at the list and note the differences in use:

å elske *to love*
å hate *to hate*
å være glad i noen *to care for someone (lit. to be happy in someone)*
å like *to like*
å mislike *to dislike*

---

2 Re-read the text and answer the following questions.
a What is Maja wearing?
b What colours is she wearing?
c What is Maja's opinion about colours?
d What does she hate wearing?
e What does she think of skirts?

3 Read the following story and fill in the blanks with the right adjective, choosing from the given list. (More than one answer can be correct.)

> fantastisk – flink – gammel –
> hvit – hyggelige – koselig – liten –
> morsom – pen – smart – snill –
> solrik – stor – stort – ung

a Kristin er en _____ kvinne.

b Hun er 24 år _____ , hun er _____ og hun studerer fysikk, fordi hun er _____ .

c Hun har en _____ hund og en _____ katt, og de bor på Frogner i Oslo.

d Huset der de bor er _____ , men det er ikke så _____ .

e Hagen er _____ og _____ , og hun sitter ofte der og leser fordi det er _____ .

f Kristin har mange _____ venner, og hun er veldig _____ og _____ , og har alltid noen på besøk.

g Hun synes livet er _____ !

4 Now write another story using new adjectives.

_____

_____

_____

_____

_____

? Test yourself

1 Translate the following into Norwegian.
  a an expensive jacket
  b a blue scarf
  c the clever girl
  d green gloves
  e a cheap sweater
  f the kind boy

2 Fill in with the correct modal verb.
  a Du _____ lese i dag.
  b Jeg _____ kjøpe nye sko.
  c Lars _____ til London neste mandag.
  d _____ du hjelpe meg?
  e Hun _____ ikke jobbe her.

3 Describe what you are wearing today.

  _____

  _____

  _____

4 Complete the following sentences by putting the words in the correct order. The first element is already there.
  a *I dag*   meg   på   en   har   lyseblå   jeg   t-skjorte   .
  b *Så*   på   har   rød   jeg   jakke   meg   ei   .
  c *Nå*   Oslo   i   jeg   bor   .
  d *Nå*   Stavanger   ikke   bor   i   Hans   .

SELF CHECK

I CAN ...

○	... go shopping.
○	... use adjectives.
○	... use modal verbs.
○	... express meanings and opinions.
○	... tell someone that I love / care for them.

6 Hva gjør du hver dag?

What do you do every day?

In this unit, you will learn how to:

▶ *use expressions of time.*
▶ *talk about the time and describe your daily routine.*
▶ *use prepositional verbs, reflexive verbs and reflexive pronouns.*
▶ *use verbs of movement.*

CEFR: (A1) *Can talk about time and daily routine. Can handle times of the day and days of the week. Can use several kinds of verbs to describe movement.*

Time of the day

In Norwegian, to talk about **tid** (*time*) we use the expression **klokka / klokken er** (*the clock is*), then the minutes, then **over** (*past*) from 1 to 19 minutes past the hour. For example, 12.10 will be **klokka er ti over tolv** – *ten past twelve*, 12.05 will be **klokka er fem over tolv**, etc. From 41 minutes past to 1 minute to the following hour we use **på** (*to*). For example, 12.50 will be **klokka er ti på ett** – *ten to one*, 12.55 will be **klokka er fem på ett**, etc. To talk about 12.15 and 12.45 we say respectively **klokka er kvart over tolv** (*a quarter past twelve*) and **klokka er kvart på ett** (*a quarter to one*). To say 12.30 in Norwegian we say **halv ett** (literally *half one*, meaning that there are 30 minutes left before the following hour). From 20 to 29 past we use **på halv** (*to half*) + the following hour, and from 31 to 40 we use **over halv** (*past half*) + the following hour. This is especially difficult when making appointments, because one risks arriving one hour late. If you are not saying what time it is, but that you have to meet someone **klokka** (*clock*) **ti over halv ett**, it means you are meeting them at 12.40 (literally *ten minutes after half past twelve*). While if you have to meet them **klokka ti på halv ett**, you are meeting them at 12.20 (literally *ten minutes before half past twelve*). To ask what time it is, we have several options: **Hva er klokka?** (lit. *what is the clock (time)?*); **Hvor mye er klokka (blitt)?** (lit. *how much is the clock / has the clock become?*); **Hvor mange er klokka?** (lit. *how many hours is the clock?*).

What do the following mean?

a Klokka er ti over fire.

b Vi treffes klokka halv tre.

Vocabulary builder

 06.01 Listen to the following verbs, and then repeat, trying to imitate the Norwegian pronunciation. Then complete with the missing meanings in English.

å bli	*to become / to stay*
å dra	*to go (using a means of transport but not driving it)*
å drikke	_____
å dusje	*to shower*
å fly	_____
å gjøre	*to do*
å gå	*to walk*
å kjøre	*to drive*
å komme	_____
å lage	*to make*
å ligge	_____
å reise	*to travel*
å sitte	_____
å spise	*to eat*
å stå	*to stand*
å ta	_____

NEW EXPRESSIONS

Some of these new expressions are used in the following dialogues. Note their meaning and the differences between the various alternatives.

Jeg star opp.	*I get up.*
Jeg våkner (opp).	*I wake up.*
Jeg vekker deg.	*I wake you up.*
Jeg kler på meg.	*I get dressed.*
Jeg tar på meg jakke.	*I wear a jacket.*
Jeg har på meg lue.	*I am wearing a hat.*
Jeg legger meg tidlig.	*I go to bed early.*
Jeg kommer for sent.	*I arrive late.*
Jeg liker å sove lenge.	*I like sleeping late.*
Jeg bor langt fra jobben min.	*I live far from my workplace.*
Hvor lang tid tar det?	*How long does it take?*

Dialogue 1

 06.02 *Sigrid and Karl describe their daily routine to each other. Listen carefully to the dialogue before answering the questions.*

1 At what time do Sigrid and Karl get up in the morning?

2 How do they go to work?

Karl	Hva gjør du om morgenen?
Sigrid	Jeg står opp kl. 06.45, så tar jeg en dusj og kler på meg. Etterpå spiser jeg frokost og drar på jobb. Hva med deg?
Karl	Jeg liker å sove lenge om morgenen, men jeg må være på jobb kl. 9, så jeg står opp kl. 07.30. Først spiser jeg frokost og så dusjer jeg og kler på meg. Etterpå går jeg på jobb. Jeg bor nær jobben min, så jeg trenger ikke å kjøre.
Sigrid	Å, det er deilig! Jeg bor ganske langt fra jobben min, først må jeg gå, så må jeg ta T-banen og etterpå må jeg ta bussen.
Karl	Oi, hvor lang tid tar det?
Sigrid	Nesten en time.
Karl	Hvorfor kjører du ikke bil?
Sigrid	Fordi jeg må kjøpe en ny bil først. Men når det blir fint vær vil jeg prøve å sykle.
Karl	Ja, det er en god idé! Hva gjør du etter jobben?
Sigrid	Jeg blir ferdig på jobb kl. 16.30, så drar jeg hjem, skifter klær og handler mat. Jeg går på tyskkurs én gang i uken, og noen ganger treffer jeg venner etter kurset, eller etter jobben, så kommer jeg hjem og legger meg tidlig. Hva med deg?
Karl	Jeg er ferdig kl. 17.00, og så tar jeg en tur i skogen for å nyte naturen. Etterpå kommer jeg hjem og lager mat, og noen ganger inviterer jeg venner til middag hos meg. Etter middagen ser jeg på TV eller hører på musikk mens jeg leser en bok. Jeg liker ikke å legge meg veldig tidlig.
Sigrid	Jeg skjønner, jeg liker det ikke heller, men jeg må det uansett.

3 Listen again to the dialogue and answer the following questions.

a When does Karl have to be at work?

b What does Karl like doing in the morning?

c Why does Sigrid not drive to work?

d What does Sigrid do after work?

e What does Karl do after work?

4 Look at the conversation again, then match the Norwegian with the English translation.

a Fordi jeg må kjøpe en ny bil først.

b Etterpå går jeg på jobb.

c Jeg liker det ikke heller.

d Jeg blir ferdig på jobb klokka 16.30.

e Når det blir fint vær vil jeg prøve å sykle.

   1 I finish working at 16.30.

   2 Because I have to buy a new car first.

   3 When the weather gets better I want to try and cycle.

   4 I don't like it either.

   5 Afterwards I go to work.

5 What words do Sigrid and Karl use for the following?

a neither
   1 én gang i uka
   2 ganske
   3 heller
   4 langt

b almost
   1 nesten
   2 noen ganger
   3 nær
   4 uansett

c near
   1 nesten
   2 noen ganger
   3 nær
   4 uansett

d rather
   1 én gang i uka
   2 ganske
   3 heller
   4 langt

e anyway
   1 nesten
   2 noen ganger
   3 nær
   4 uansett

f far
   1 én gang i uka
   2 ganske
   3 heller
   4 langt

g once a week
   1 én gang i uka
   2 ganske
   3 heller
   4 langt

h sometimes
   1 nesten
   2 noen ganger
   3 nær
   4 uansett

6 Hva gjør du hver dag? What do you do every day?

6 Choose the correct translation for each of the following expressions.

a I get dressed.
  1 Jeg våkner.
  2 Jeg kler på meg.
  3 Jeg står opp.
  4 Jeg legger meg.

b I go to bed.
  1 Jeg våkner.
  2 Jeg kler på meg.
  3 Jeg står opp.
  4 Jeg legger meg.

c I get up.
  1 Jeg våkner.
  2 Jeg kler på meg.
  3 Jeg står opp.
  4 Jeg legger meg.

d I wake up.
  1 Jeg våkner.
  2 Jeg kler på meg.
  3 Jeg står opp.
  4 Jeg legger meg.

💡 Language discovery 1

1 TIME EXPRESSIONS

In Norwegian, we can use time expressions both at the beginning and at the end of a sentence. If used at the beginning of a sentence, then the sentence structure should follow that of a question sentence, with the verb and subject changing places.

Nå <u>bor jeg</u> i Bergen.	*Now I live in Bergen*
<u>Jeg bor</u> i Bergen **nå.**	*I live in Bergen now.*

Adverbs of time

først	*first(ly)*
så	*then*
etterpå	*afterwards*
før	*before*
etter	*after*

We also have to bear in mind that **før** and **etter** always have to be accompanied by something (i.e. what happened before or after), while **først** and **etterpå** can be used alone. Look at the following examples:

Før frokost dusjer jeg.   *Before breakfast, I take a shower.*
Etter jobb tar jeg en tur i skogen.   *After work, I take a walk in the woods.*
Først dusjer jeg, så spiser jeg frokost.   *I take a shower first, and then I eat breakfast.*
Vi sees etterpå.   *See you later.*

1 **Look at the following list of what Sverre has to do during the day and fill in the blanks with the right adverbs of time.**

Om morgenen:
▶ *Stå opp*
▶ *Lage matpakke*
▶ *Spise frokost*
▶ *Ta en dusj*

På jobb:
▶ *Møte med sjefen*
▶ *Lunsj med Cecilie*
▶ *Ringe Rune*

Etter jobb:
▶ *Handle mat*
▶ *Kjøpe blomster*
▶ *Lage middag*

a _____ står han opp, _____ lager han matpakke.
b _____ spiser han frokost, _____ tar han en dusj.
c Han spiser lunsj med Cecilie _____ møtet med sjefen.
d _____ ringer han Rune.
e _____ jobb handler han mat, _____ kjøper han blomster.
_____ lager han middag.

2 REFLEXIVE PRONOUNS AND VERBS

As you may have noticed in the last dialogue, some verbs are accompanied by a reflexive pronoun, which refers back to the subject. Look at the following examples and then study the table.

Jeg legger meg tidlig. *I go to bed early. (lit. I lie myself early.)*
Han soler seg. *He is getting a tan.*
Skynd deg. *Suit yourself.*

Subject		Object		Reflexive	
jeg	*I*	**meg**	*me*	**meg**	*myself*
du	*you*	**deg**	*you*	**deg**	*yourself*
han	*he*	**ham / han**	*him*		*himself*
hun	*she*	**henne**	*her*	**seg**	*herself*
den (non-neuter) **det** (neuter)	*it*	**den** **det**	*it*		*itself*
vi	*we*	**oss**	*us*	**oss**	*ourselves*
dere	*you*	**dere**	*you*	**dere**	*yourselves*
de	*they*	**dem**	*them*	**seg**	*themselves*

2 Fill in the blanks with the right reflexive pronoun.

  a Hun liker _____ der. (*herself*)
  b Jenta ønsker _____ en hund. (*herself*)
  c Jeg trenger å konsentrere _____ . (*myself*)
  d Kos _____ . (*yourselves*)
  e De har ikke bestemt _____ . (*themselves*)
  f Du må oppføre _____ pent. (*yourself*)
  g Har dere skjerf med _____ ? (*yourselves*)
  h Jeg legger _____ tidlig. (*myself*)
  i Han soler _____ . (*himself*)
  j Skynd _____ . (*yourself*)

Dialogue 2

06.03 *Astrid and Odin are making plans to meet Ida after school. Listen carefully to their dialogue and answer the following questions.*

1 When are they meeting?

2 Why can't they meet right after Ida is done with her lessons?

Astrid	Hvor skal vi treffe Ida da?
Odin	Jeg vet ikke, vi kan treffes foran biblioteket, hva synes du?
Astrid	Ja, men jeg vet ikke hvor hun kommer fra.
Odin	Hun er ferdig med forelesning kl. 10.30, og hun kommer fra kjemibygningen.
Astrid	Når er du ferdig?

Odin	I morgen er jeg hjemme, for jeg har ikke forelesning, så jeg kommer med trikken. Å treffes foran biblioteket passer fint for meg. Og etterpå kan vi ta T-banen ned til sentrum.
Astrid	Ok. Men jeg er ikke ferdig før kl. 12, kan vi treffes 12.15?
Odin	Ja, ikke noe problem for meg. Jeg sier ifra til Ida så sees vi kl. 12.15 foran biblioteket. Vi kan sitte der og lese mens vi venter på deg.
Astrid	Tusen takk.
Odin	Bare hyggelig, vi ses i morgen.
Astrid	Ja, ha det!

3 Re-read the dialogue above and answer the questions.

a Where are they going to meet?
b How will Odin come to the meeting?
c When do Astrid's lessons end?
d When are they going to meet?

4 Look at the conversation again, then match the Norwegian with the English translation.

a Vi kan sitte der og lese mens vi venter på deg.
b Jeg er ikke ferdig før klokka 12.
c Hun er ferdig med forelesning klokka 10.30.
d I morgen er jeg hjemme, for jeg har ikke forelesning.
e Bare hyggelig, vi ses i morgen.
f Når er du ferdig?
g Jeg vet ikke hvor hun kommer fra.
h Etterpå kan vi ta T-banen ned til sentrum.

   1 When will you be done?
   2 Afterwards we can take the subway down to the centre.
   3 No problem, see you tomorrow.
   4 I don't know where she comes from.
   5 We can sit there and study while we wait for you.
   6 Her lessons end at 10.30.
   7 I'm not done until 12.
   8 I'm home tomorrow, because I don't have any lessons.

5 How do Astrid and Odin say the following?

a in front of
  1 etterpå
  2 ferdig
  3 foran
  4 hjemme

b when
  1 foran
  2 hjemme
  3 mens
  4 når

c done
  1 ferdig
  2 foran
  3 hjemme
  4 når

d at home
  1 etterpå
  2 ferdig
  3 hjemme
  4 mens

e afterwards
  1 etterpå
  2 hjemme
  3 mens
  4 når

f while
  1 etterpå
  2 ferdig
  3 mens
  4 når

Language discovery 2

1 VERBS OF MOVEMENT

In Norwegian there is no equivalent of the -ing form, so to say that something is happening we can use the present tense (see Unit 1). Another very typical thing to do is use another verb to describe our physical position while doing something else. Look at the following examples:

Hanne *sitter og ser* på TV.	*Hanne is sitting and watching TV.*
Magnus *står og venter* på bussen.	*Magnus is standing and waiting for the bus.*
Barnet *ligger og sover*.	*The child is lying and sleeping.*
Vi *sitter og snakker*.	*We are sitting and chatting.*

1 Fill in the blanks with the right verb.

a Hanne _____ og _____ på TV. (*sit, watch*)
b Du _____ og _____ ei bok. (*lie, read*)
c Jeg _____ og _____ på telefon. (*stand, talk*)
d Magnus _____ og _____ på bussen. (*sit, wait*)
e Guro _____ og _____ på vinduene. (*walk, look at*)
f Barnet _____ og _____ . (*lie, sleep*)
g Vi _____ og _____ . (*stand, talk*)

2 ADVERBS OF PLACE

As we saw in Unit 3, Norwegian adverbs of place change depending on the verb they follow. Look at the following table and note the differences:

Motion		State	
Vi går **hjem.**	We go home.	Vi er **hjemme.**	We are home.
Han går **ned.**	He goes down(stairs).	Han er **nede.**	He is down(stairs).
Hun går **opp.**	She goes up(stairs).	Hun er **oppe.**	She is up(stairs).
Du går **inn.**	You go in.	Du er **inne.**	You are inside.
Jeg går **ut.**	I go out.	Jeg er **ute.**	I am outside.

2 Fill in the blanks with the right adverb of place.

HJEMME / HJEM

a Hanna er _____ hele dagen i dag.

b Gro drar _____ snart.

INNE / INN

c Hvor er Magnus? Han sitter _____.

d Gå _____ og ta et glass vann.

UTE / UT

e Barna leker _____ hele dagen om sommeren.

f Gå _____ nå!

NEDE / NED

g Jeg går _____.

h Hun sitter _____.

OPPE / OPP

i Hvor er katten? Han sover _____.

j Gå _____ og ta en dusj.

Practice

1 06.04 Listen to Johan describing his weekly routine, then read the text out loud.

Jeg jobber hver dag fra mandag til fredag. Jeg står alltid opp kl. 07.30, jeg spiser frokost først, så tar jeg en dusj, kler på meg og drar på jobb. Jeg er ferdig på jobb mellom kl. 16.30 og 17.00. Etterpå drar jeg hjem, eller treffer noen venner i byen. Noen ganger går vi på kino, eller spiser middag sammen, men jeg legger

meg alltid tidlig når jeg jobber. Jeg jobber aldri på lørdag og jeg reiser ofte bort i helgene.

- **a** How does Johan say *every day*?
- **b** How does he say *never*?
- **c** How does he say *often*?
- **d** How does he say *always*?
- **e** How does he say *sometimes*?

2 Re-read the text and answer the following questions.

- **a** What does Johan do during the week?
  - **1** He goes to work every day.
  - **2** He goes to the cinema every afternoon.
  - **3** He goes to bed late every night.
- **b** When does he get up?
  - **1** At half past eight.
  - **2** At half past six.
  - **3** At half past seven.
- **c** What does he do after work?
  - **1** He goes home or meets some friends in the city.
  - **2** He goes home and goes to bed.
  - **3** He goes home to some friends.
- **d** What does he usually do during the weekend?
  - **1** He goes to concerts.
  - **2** He meets friends.
  - **3** He travels.

3 Write a short text in which you describe an afternoon in the city with a tourist friend of yours.

_____

_____

_____

_____

4 Rearrange the words into sentences; don't forget to place the capital letter on the first word.

  a legger   jeg   tidlig   meg .
  b barnet   hund   seg   ønsker   en .
  c ikke   de   bestemt   seg   har .
  d står   bussen   venter   Magnus   og på .
  e sover   barnet   og   ligger .

5 Write a short summary of the first dialogue.

_____

_____

_____

_____

? Test yourself

1 Translate the following sentences into Norwegian.

  a I eat breakfast before going to work.

  b I go to work by bus.

  c After work, I go to the German course.

  d See you later.

  e First, I buy groceries, and then I go home and read a book.

  f I'm standing here waiting for you.

2 Fill in with the correct verb. More than one answer can be correct.

  a Jeg _____ og leser.

  b Hanne _____ og venter på trikken.

  c Siri _____ til Helsinki neste mandag.

  d _____ du og venter på meg?

  e Katrine _____ på tyskkurs.

3 Describe your daily routine.

  _____

  _____

  _____

  _____

4 Rearrange the words into sentences; do not forget to place the capital letter on the first word.

  a vekker   deg   jeg   .

  b jobben   langt   bor   jeg   fra   min .

  c å   liker   morgenen   lenge   sove   om jeg .

  d skogen   tur   tar   etter   jeg   i   jobb en .

  e dusjer   jeg   ,   først   frokost   spiser   så   jeg .

  f meg   trenger   jeg   konsentrere   å .

SELF CHECK

I CAN ...

○	... talk about the time.
○	... describe my daily routine.
○	... use reflexive verbs.
○	... use different motion verbs.
○	... use some phrasal verbs (prepositional verbs).

4 Dette er familien min
This is my family

1 **Match the Norwegian with the English.**

a	**barn**	**1**	mother
b	**svigerinne**	**2**	brother-in-law
c	**søster**	**3**	the father's mother
d	**mormor**	**4**	great-grandmother
e	**søsken**	**5**	niece
f	**farmor**	**6**	aunt
g	**niese**	**7**	sister-in-law
h	**tante**	**8**	grandfather
i	**onkel**	**9**	the mother's mother
j	**far**	**10**	sister
k	**oldemor**	**11**	uncle
l	**bestefar**	**12**	father
m	**mor**	**13**	siblings
n	**svoger**	**14**	child

2 **Translate the following sentences into English.**
  a Hva betyr det?
  b Hva heter «fiancé» på norsk?
  c Det er veldig vanskelig å huske alt.
  d Mammas søster heter Sigrid.
  e Det blir koselig.

3 **Translate the following sentences into Norwegian.**
  a My sister's name is Astrid.
  b His brother's name is Ciarán.
  c His sister's name is Siobhán.
  d Now I understand!
  e What is the name of Tove's fiancé?
  f What do you mean?

4 Fill in the blanks with the right possessive pronoun.

a _____ bror heter Martin. (*my*)

b _____ søster heter Marianne. (*his*)

c Guro og _____ mann bor i Spania. (*her*)

d Kari er glad i barnet _____ . (*her own*)

e Jeg kjører bilen _____ til verkstedet. (*your* plural)

f Han ringer vennen _____ . (*his own*)

g Hun gifter seg med kjæresten _____ . (*her own*)

h Kan du snakke med søstera _____ ? (*your*)

5 Complete the following crossword and find the mystery word.

Across:

What is the Norwegian for the following?

1 great-grandchild

2 father-in-law

3 son

4 daughter

5 uncle

6 mothers

7 great-great-grandfather

8 sister

Down:

Have you found the mystery word? What is it? _____

5 Vi skal handle! *We're going shopping!*

1 Match the Norwegian with the English.

a Han elsker henne.

b Jeg har grønne sko på meg.

c Bilen min er gul.

d Denne kjolen er på tilbud.

e Huset er hvit.

f Den nye lampa er fin.

g Et blått skjerf.

h Jeg hater høyhælte sko.

i Jeg er glad i deg.

j Hun liker meg ikke.

1 The house is white.

2 I hate wearing high-heel shoes.

3 He loves her.

4 I like you.

5 A blue scarf.

6 She does not like me.

7 This dress is on sale.

8 My car is yellow.

9 The new lamp is nice.

10 I am wearing green shoes.

2 Translate the following sentences into English.

a Jeg vil gjerne kjøpe en ny genser.

b Guro kan ikke komme i dag.

c Du bør lese norsk.

d Han skal til Roma neste sommer.

e Skal du kjøpe denne boka?

f Vil du treffe ham?

g Kan Frode hjelpe deg?

h Jeg må gå nå.

i Jeg bør gå nå.

3 Translate the following sentences into Norwegian.

a She is wearing blue shoes.

b I live in a small house.

c He has three small children.

d You have a red car.

e My friends are funny.

f This is a cosy room.

4 Match the adjective with the correct meaning.

a **annerledes**

b **billig**

c **dyr**

d **fantastisk**

e **flink**

f **flott**

g **gammel**

h **kjære**

1 strange

2 small

3 stylish / smart

4 quick

5 old

6 different

7 boring

8 funny

i **kjedelig**
j **koselig**
k **liten**
l **morsom**
m **rar**
n **rask**
o **stilig**

9 cheap
10 expensive
11 fantastic
12 good at
13 cosy
14 dear
15 extraordinary

5 Complete the following crossword and find the mystery word.

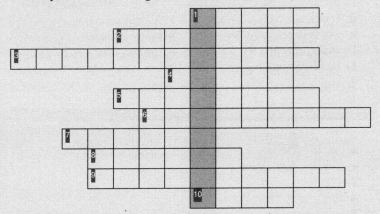

Across:

What is the Norwegian for the following?

1 trousers

2 shirt

3 tights

4 tie

5 underwear

6 swimsuit

7 sweater

8 mittens

9 miniskirt

10 sock

Down:

Have you found the mystery word? What is it? _____

6 Hva gjør du hver dag? *What do you do every day?*

1 What time is it? Write it as in the example.

14.30 Klokka er / Den er halv tre.
- **a** 12.15
- **b** 17.45
- **c** 11.30
- **d** 10.10
- **e** 08.05
- **f** 16.20
- **g** 03.25
- **h** 06.40
- **i** 15.35

2 Translate the following sentences into English.
- **a** Jeg legger meg tidlig.
- **b** Jeg kommer for sent.
- **c** Jeg liker å sove lenge.
- **d** Hvor lang tid tar det?
- **e** Hva gjør du om morgenen?
- **f** Nesten en time.
- **g** Jeg må kjøpe en ny bil.
- **h** Etter jobb tar jeg en tur i skogen.
- **i** Vi kan treffes foran biblioteket.
- **j** Når er du ferdig?

3 Translate the following sentences into Norwegian.
- **a** I get up.
- **b** How long does it take?
- **c** Before breakfast, I take a shower.
- **d** I wake up.
- **e** I am wearing a hat.
- **f** I like sleeping until late.
- **g** I wear a jacket.
- **h** First, I take a shower, so I eat breakfast.

4 Fill in the blanks with the right reflexive pronoun.

a Han soler _____ .

b Jeg tar på _____ jakka.

c Jeg legger _____ tidlig.

d Skynd _____ .

e Hun liker _____ der.

f Barnet ønsker _____ en hund.

g Har du skjerf med _____ ?

h De har ikke bestemt _____ .

i Du må oppføre _____ pent.

5 Complete the following crossword.

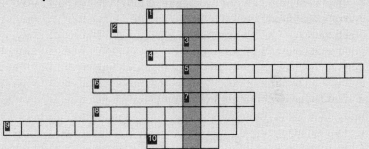

Across:

What is the Norwegian for the following?

1 become

2 sit

3 walk

4 do

5 come

Down:

Have you found the mystery word? What is it? _____

7 Vi skal ut og spise
We're going out to eat

In this unit, you will learn how to:

▶ *talk about and order food and drink at the restaurant.*
▶ *use the imperative form of verbs.*
▶ *use demonstrative pronouns.*
▶ *write a shopping list and follow a recipe.*
▶ *talk about food customs in Norway.*

CEFR: (A1) *Can order a meal. Can give and follow short, simple directions and follow written instructions.*

Food customs in Norway

The Norwegian **klima** (*climate*) has heavily influenced Norwegian food customs. For this reason, **grønnsaker** (*vegetables*) were not a big part of the Norwegian **kosthold** (*diet*) until the 1700s, when **løk** (*onion*), **poteter** (*potatoes*), **bær** (*berries*) and **frukt** (*fruit*) were introduced. **Kjøtt** (*meat*) and **fisk** (*fish*), on the other hand, were very important, and they were salted and smoked to be preserved. **Melkeprodukter** (*milk products*) were widely consumed as well, but until the 1900s it was not common to drink **helmelk** (*whole milk*), instead **myse** (*whey*), **smør** (*butter*) and **ost** (*cheese*) were very common. As well as **kumelk** (*cow's milk*), it was also common **å lage** (*to make*) cheese with milk from **geiter** (*goats*), **sauer** (*sheep*) and **reinsdyr** (*reindeer*). Among the many **tradisjonelle matretter** (*traditional dishes*) there is **grøt** (similar to *porridge*), which can be **rømmegrøt** (*porridge with sour cream*), **havregrøt** (*oat pudding*) or **risgrøt** (similar to *rice pudding*). Then there are several recipes with fish, such as **laks** (*salmon*), **torsk** (*cod*), **sild** (*herring*), **makrell** (*mackerel*) and **ørret** (*trout*). A traditional Christmas fish dish is called **lutefisk** (*lye fish*). A very common fish dish is the **fiskebolle** (*fishball*) or **fiskekake** (*fish cake*), which are actually fish dumplings, and often contain **reker** (*shrimps*) or **skalldyr** (*crustaceans*). Some traditional meat dishes include **lammestek** (*lamb roast*), **pinnekjøtt** (*lamb or mutton roast*), **juleribbe** (*pork roast, eaten at Christmas*), **lapskaus** (*beef stew*), **elgkarbonader**, **kjøttkaker** or **kjøttboller** (*meat dumplings / meatballs*). Depending on the season, there are also many different kinds of desserts and sweets available, such as **kanelbolle** (*cinnamon bun*), **rosinbolle** (*raisin bun*), **lussekatt** (*saffron bun*), **pannekake** (*pankake*), **vaffel** (*waffle*), **bløtkake** (*cream cake*), and **kransekake** (*crown cake*). Norwegians love **is** (*ice cream*) and especially **softis** (*soft serve*), and they usually eat it on the 17th of May, after the parade. On the 17th of May, Constitution Day, people wear traditional Norwegian costumes, and children and students march in the main streets playing instruments, carrying the Norwegian flag and singing the national anthem.

 What do you think **elgkarbonader** translates as in English?

Vocabulary builder

 07.01 **Listen to the following words related to food, and then repeat, trying to imitate the Norwegian pronunciation. Then complete with the missing translations in English.**

FRUKT _____

banan	_____
druer	*grapes*
eple	_____
pære	*pear*
vannmelon	*watermelon*
fersken	*peach*
aprikos	_____
kirsebær	*cherry*
jordbær	*strawberry*
blåbær	_____
bringebær	*raspberry*
bjørnebær	*blackberry*
tyttebær	*lingonberry*
multe	*mulberry*

GRØNNSAKER *VEGETABLES*

agurk	*cucumber*
artisjokk	*artichoke*
aubergine	_____

fennikel	*fennel*
gulrot	*carrot*
potet	_____
spinat	_____
squash	_____
tomat	_____

DRIKKE _____

juice	_____
melk	_____
øl	*beer*
vann	*water*
vin	_____

NEW EXPRESSIONS

Some of these new expressions are used in the following dialogues. Note their meaning and the differences between the various alternatives.

Smaker det godt?	*Does it taste good?*
Jeg synes det i hvert fall.	*At least in my opinion.*
Du får bestemme selv.	*You can decide for yourself.*
Dette er gøy!	*This is fun!*
Ja, selvfølgelig!	*Yes, sure!*
Hva skal det være?	*What would you like?*
Hva slags vil du ha?	*What type would you like?*
Vil du ha noe annet?	*Do you want anything else?*
Vil du ha noe å drikke?	*Would you like something to drink?*
	(lit. Do you want something to drink?)
Vil du bestille?	*Do you want to order?*
Er du klar til å bestille?	*Are you ready to order?*
Hva vil du spise?	*lit. What do you want to eat?*
Hva vil du drikke?	*lit. What do you want to drink?*

Dialogue 1

07.02 *Camilla needs to buy some bread and pastries. She goes to the bakery, and then decides to order something to eat and drink as well. Listen carefully to the dialogue before answering the questions.*

1 Is Camilla in a hurry?

2 What is Camilla allergic to?

Bakeren	Hei, hva skal det være?
Camilla	Hei, jeg vil gjerne ha noen rundstykker, takk.
Bakeren	Hva slags vil du ha?
Camilla	To grovbrødrundstykker og to lyse, takk.
Bakeren	To grove og to lyse, her er de, har du prøvd sesamrundstykkene våre?
Camilla	Nei, jeg er allergisk mot sesamfrø.
Bakeren	Skjønner. Vil du ha noe annet?
Camilla	Ja takk, jeg tar et stykke eplekake og et stykke gulrotkake. Er det nøtter i gulrotkaken?
Bakeren	Ikke i oppskriften, men det kan være spor.
Camilla	Det går bra, jeg er ikke veldig allergisk mot nøtter.
Bakeren	Ok, vil du ha noe annet?
Camilla	Ja, jeg tar to hveteboller og to rosinboller. Og så en skolebolle.
Bakeren	Ok, tar du med alt eller spiser du noe her?
Camilla	Jeg tar alt med… Nei, jeg er egentlig sulten, så jeg tror jeg skal også ta et smørbrød med laks og egg.
Bakeren	Noe å drikke?
Camilla	Ja, appelsinjuice og en kopp kaffe, takk.
Bakeren	Da blir det 259 kroner til sammen.

3 Read the dialogue again and answer the questions.

   a How much bread does she buy?
   b What kind of cakes does she buy?
   c Which buns does she buy?
   d What does she decide to eat?
   e What does she drink?
   f How much does she pay?

4 Look at the conversation again, then match the Norwegian with the English translation.

   a Hva skal det være?
   b Vil du ha noe annet?

   c Det kan være spor.
   d Spiser du noe her?
   e Jeg tar alt med.
   f Jeg er egentlig sulten.

   1 I'm actually hungry.
   2 Are you going to eat anything here?
   3 Do you want anything else?
   4 There can be traces.
   5 What can I do for you?
   6 I'm taking everything away.

5 How do Camilla and the baker say the following?

a hungry
  1 jeg er allergisk mot
  2 til sammen
  3 noe annet
  4 sulten

b something else
  1 jeg er allergisk mot
  2 til sammen
  3 noe annet
  4 sulten

c I'm allergic to
  1 jeg er allergisk mot
  2 til sammen
  3 noe annet
  4 sulten

d altogether
  1 jeg er allergisk mot
  2 til sammen
  3 noe annet
  4 sulten

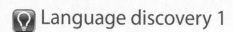 Language discovery 1

DEMONSTRATIVE PRONOUNS

Study the following table and then match the examples to their translations.

Entall – singular		Flertall – plural	
Hankjønn – masculine / hunkjønn – feminine	**Intetkjønn - neuter**	**Hankjønn – masculine / hunkjønn – feminine / intetkjønn – neuter**	
denne *this (m/f)*	**dette** *this (n)*	**disse** *these*	
den *that (m/f)*	**det** *that (n)*	**de** *those*	

1 Match the Norwegian with the English translation.

  a Denne kaka er god.   **1** That table is new.
  b Denne mannen heter Lars.   **2** That cake is good.
  c Dette barnet heter Hans.   **3** That child's name is Olav.

d	Dette er min venn Marius.	**4**	This man's name is Lars.
e	Disse glassene er ikke rene.	**5**	This child's name is Hans.
f	Det bordet der er nytt.	**6**	This cake is good.
g	Den kaka er god.	**7**	This is my friend Marius.
h	Det barnet heter Olav.	**8**	These glasses are not clean.
i	De rundstykkene er ferske.	**9**	Those loaves are freshly baked.

Dialogue 2

 *07.03 Thorbjørn and his English friend Cyan are going to cook **lapskaus**, a typical Norwegian dish, but they need to buy ingredients. Listen carefully to the dialogue before answering the questions.*

1 Has Cyan tried lapskaus before?

2 Do they need to buy all the ingredients in the recipe?

Thorbjørn	Så du vet ikke hva lapskaus er.
Cyan	Nei, smaker det godt?
Thorbjørn	Ja, jeg synes det i hvert fall, men du får bestemme selv når du smaker den.
Cyan	Ok, dette er gøy! Hva trenger vi?
Thorbjørn	Jeg vet ikke, la meg se på nettet først.
Cyan	Finnes det en side med tradisjonelle norske oppskrifter?
Thorbjørn	Ja, selvfølgelig, den heter MatPrat.
Cyan	Å, smart navn!
Thorbjørn	Ok, så vi trenger storfekjøtt, smør, buljong, poteter, gulrøtter, kålrot, persillerot, salt og pepper. Kan du skrive en liste?
Cyan	Ja, storfekjøtt, pepper …
Thorbjørn	Nei, jeg har masse pepper, og jeg har også buljong, smør og poteter.
Cyan	Ok, så storfekjøtt, gulrøtter, kålrot og persillerot. Har du salt?
Thorbjørn	Ja, det har jeg også.

Lapskaus

Ingredienser:

600 g storfekjøtt av høyrygg eller bog, uten bein

2 ss smør, til steking

4 dl vann

1 stk buljongterning

6 stk potet, i terninger

3 stk gulrot, i terninger

1 skive kålrot, i terninger

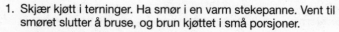

1 stk persillerot, i terninger

1 ts salt1

1/2 ts grovmalt pepper

Slik gjør du:

1. Skjær kjøtt i terninger. Ha smør i en varm stekepanne. Vent til smøret slutter å bruse, og brun kjøttet i små porsjoner.

2. Ha kjøttet i en gryte, hell over vann og ha i buljongterning. Tilsett potet- og grønnsaksterninger, og la det småkoke på middels varme til grønnsakene er godt møre.

3. Rør minst mulig slik at lapskausen ikke blir grøtet, men se til at den ikke svir seg i bunnen. Smak til med salt og pepper.

4. Server med grovt brød eller flatbrød og tyttebær.

http://www.matprat.no/oppskrifter/tradisjon/lapskaus/

3 Read the dialogue again and answer the questions.

  a Which ingredients do they need to buy?

  b Which ingredients do they already have?

  c Does Thorbjørn like lapskaus?

  d What is the name of the website where they found the recipe?

  e What does it mean?

4 Look at the conversation again, then match the Norwegian with the English translation.

  a Jeg synes det i hvert fall.

  b Du får bestemme selv når du smaker den.

c Finnes det en side med tradisjonelle norske oppskrifter?

d Jeg har masse pepper.

    1 Is there a website with traditional Norwegian recipes?

    2 At least in my opinion.

    3 I have lots of pepper.

    4 You can decide for yourself when you have tasted it.

5 What words do Cyan and Thorbjørn use to say the following?

  a surely

    1 tradisjonelle

    2 oppskrifter

    3 selvfølgelig

    4 smart

  b amusing / funny

    1 gøy

    2 først

    3 selvfølgelig

    4 smart

  c is there

    1 gøy

    2 først

    3 finnes det

    4 tradisjonelle

  d firstly

    1 gøy

    2 først

    3 selvfølgelig

    4 smart

  e traditional

    1 først

    2 tradisjonelle

    3 oppskrifter

    4 selvfølgelig

  f recipes

    1 først

    2 tradisjonelle

    3 oppskrifter

    4 selvfølgelig

  g clever
    1 tradisjonelle
    2 oppskrifter
    3 selvfølgelig
    4 smart

6 Choose the correct translation for each of the following expressions.

  a I don't know.
    1 Smaker den godt?
    2 Hva trenger vi?
    3 Jeg vet ikke
    4 Kan du skrive ei liste?

  b What do we need?
    1 Smaker den godt?
    2 Hva trenger vi?
    3 Jeg vet ikke
    4 Kan du skrive ei liste?

  c Can you write a list?
    1 Smaker den godt?
    2 Hva trenger vi?
    3 Jeg vet ikke
    4 Kan du skrive ei liste?

  d Does it taste good?
    1 Smaker den godt?
    2 Hva trenger vi?
    3 Jeg vet ikke
    4 Kan du skrive ei liste?

7 What do you think the following abbreviations mean? Choose the correct alternative.

  a stk
    1 piece
    2 teaspoon
    3 tablespoon

  b ss
    1 piece
    2 teaspoon
    3 tablespoon

c ts

    1 piece

    2 teaspoon

    3 tablespoon

Language discovery 2

IMPERATIVE FORM

To give orders and directions, for example in a recipe, we use the imperative form of the verb. Look at the following examples:

Å gå	**Gå!**	*Go!*
Å snakke	**Snakk!**	*Speak!*
Å komme	**Kom!**	*Come!*

1 Look at the following infinitives and choose the correct imperative form.

  a å gjøre

    1 gjør

    2 gjøre

  b å se

    1 se

    2 ser

  c å gå

    1 gå

    2 går

  d å snakke

    1 snak

    2 snakk

  e å komme

    1 kom

    2 komm

  f å sove

    1 sove

    2 sov

  g å høre

    1 hør

    2 høre

h å lese
  1 les
  2 leser

2 **Look at the following examples taken from the recipe in Dialogue 2 and make the infinitives from the imperatives.**

a **Skjær** kjøtt i terninger.   *Cut the meat in cubes.*
b **Ha** smør i en varm stekepanne.   *Put (lit. have) the butter in a frying pan.*
c **Vent** til smøret slutter å bruse. *Wait until the butter stops spitting.*
d **Brun** kjøttet i små porsjoner.   *Brown the meat in small portions.*
e **Hell** over vann.   *Pour water over.*
f **Tilsett** potet.   *Add potatoes.*
g **La** det småkoke.   *Let it simmer.*
h **Rør** minst mulig.   *Turn as little as possible.*
i **Se** til at den ikke svir seg i bunnen. *Check that it isn't burnt at the bottom.*
j **Smak** til med salt og pepper.   *Add salt and pepper to your taste.*
k **Server** med grovt brød.   *Serve with wholemeal bread.*

3 **Choose from the alternatives to fill in the blanks with the correct form of the imperative.**

a _____ hit nå!
  1 komme
  2 komm
  3 kom

b _____ norsk, vær så snill!
  1 snakk
  2 å snakke
  3 snakke

c _____ hjem med én gang!
  1 å gå
  2 gå
  3 går

d _____ boka!
  1 lese
  2 å lese
  3 les

e _____ det til meg!
  1 å si
  2 sier
  3 si

f _____ det nå!
  1 gjøre
  2 å gjøre
  3 gjør

g _____ med meg!
  1 å danse
  2 dans
  3 danse

h _____ å bråke!
  1 slutte
  2 slutt
  3 å slutte

Practice

Listen to the following recipe, and then read it aloud.

Lapper med blåbær og krem

Ingredienser:

3 ss smør

4 dl hvetemel

3 dl melk

5 egg

1/2 dl sukker

1/2 ts salt

1 ts bakepulver

3 dl kremfløte

ca. 2 dl blåbærsyltetøy

Slik gjør du:

1. Smelt smøret og bland alle ingrediensene til en jevn røre, gjerne i en matprosessor. La røren svelle i ca. 15 minutter.

2. Stek lappene i litt smør i varm stekepanne. Snu dem når røren er stivnet på overflaten.

3. Server lappene lune med pisket kremfløte og blåbærsyltetøy.

Tips: Rislapper smaker også kjempegodt! Rør inn rester av risgrøt i lapperøren. Spe eventuelt med litt melk dersom røren blir tykk.

http://www.matprat.no/oppskrifter/tradisjon/lapper-med-blabar-og-krem/

LANGUAGE TIP

The word **tips** means *suggestion*, and it is singular, even if it ends with an **-s**.

4 **Erlend is at the library where he writes an email to his girlfriend Iselin to plan their evening. Read his email and answer the questions.**

From:
Date:
To:
Subject:

Hei Iselin,

Jeg tar meg en liten pause for å planlegge kvelden. Jeg vil gjerne bestille et bord på restaurant klokka 18, så vi rekker konserten klokka 22.

Har du lyst til å spise noe spesielt? Jeg har litt lyst på indisk mat, men meksikansk frister også, hva synes du?

Når kommer Frode og Lasse? Spiser de med oss? Jeg husker ikke.

Jeg gleder meg til i kveld!

Klem

Erlend

    a When does he want to book the table?
    b When is the concert?
    c What would he like to eat?
    d Does he remember whether Frode and Lasse are going to eat with them?

5 **How does Erlend say the following?**
    a I'm looking forward to tonight!
    b Mexican food is appealing.
    c I'm taking a break to plan the evening.

Test yourself

1 Write a shopping list of things you need to buy at the grocery shop today.

_____

_____

_____

_____

2 Rearrange the words into sentences; do not forget to place the capital letter on the first word.

  a bestille vil bord gjerne   restaurant jeg et på .

  b klokka vi konserten rekker 22 ?

  c har indisk litt jeg på lyst mat .

  d synes   du hva ?

  e de   spiser   oss med ?

  f til gleder kveld meg   jeg i !

3 Write a short recipe of a simple dish you like. Do not forget quantities and ingredients.

4 How would you order meatballs with mashed peas, potatoes, brown sauce, lingonberry jam and a beer?

5 How would you order a cinnamon bun, a glass of cold milk and a cup of coffee?

6 How would you list your allergies?

SELF CHECK

I CAN ...
... order a meal.
... say what food I like and dislike.
... follow a recipe.
... give short directions.

8 På ferie i Norge
On holiday in Norway

In this unit, you will learn how to:

▶ *book a hotel room, plan a journey and buy tickets.*
▶ *ask for, follow and give directions.*
▶ *talk about date and time.*
▶ *use ordinal numbers.*
▶ *talk about health and illnesses and refer to different body parts.*

CEFR: (A1) *Can get simple information about travel, use of public transport, give directions and buy tickets. Can write short, simple notes. Can find specific, predictable information in simple everyday material such as timetables. Can talk about feelings and illnesses. Can refer to different body parts.*

Tourist attractions in Norway

Norway is without any doubt **et vakkert land** (*a beautiful country*), and as a **turist** (*tourist*), there are plenty of activities to do and places to visit. If you are interested in sport, you can **sykle** (*cycle*), **gå på ski** (*ski*), or **spille golf** (*play golf*). If you are more adventurous, you can **klatre** (*hike*), **dykke** (*scuba-dive*), or **prøve** (*try*) rafting, kiting, **snøkiting** (*snow-kite*), paragliding, **fallskjermhopping** (*parachuting*) and **isklatring** (*ice climbing*), and even take a **grottetur** (*caving trip*) or a **fisketur** (*fishing trip*). If you want to be in close contact with nature, you can try **hundekjøring** (*dog sledding*), **rideturer** (*horse-riding tours*), **reinkjøring** (*reindeer sledding*), take a **kano-** (*canoe*) or **kajakktur** (*kayak trip*), or even a **hvalsafari** (*whale safari*). If you are more interested in **museer** (*museums*) and **gallerier** (*galleries*), in Norway you will find all kinds of those, almost everywhere, as well as **monumenter** (*monuments*). Furthermore, Norway houses eight **steder** (*places*) featured in **UNESCOs verdensarvliste** (*UNESCO World Heritage Sites*). Last but not least, Norway also offers stunning nature, with its **fjorder** (*fjords*), **fjell** (*mountains*), **nasjonalparker** (*national parks*), **fosser** (*waterfalls*), **øyer** (*isles*), **isbreer** (*glaciers*), **strender** (*seaside*), and, obviously, **midnattsol** (*midnight sun*) during the summer and **nordlys** (*northern lights*) during the winter. In

Norway you can also **overnatte** (*stay overnight*) in a **hotell** (*hotel*), B&B, **vandrerhjem**, **hytte** (*cottage*), **leilighet** (*apartment*), or even an entire **hus** (*house*). Otherwise, and especially if you like **å reise grønt** (*green travelling*), you can go camping, stay in a **fyr** (*lighthouse*), or even at a **gård** (*farm*). If you **planlegger** (*are planning*) **ferien** (*holiday*) in Norway a very useful website is www.visitnorway.com.

What does **vandrerhjem** mean?

Vocabulary builder

08.01 Listen to the following ordinal numbers, and then repeat, trying to imitate the Norwegian pronunciation.

NUMBERS (1ST–21ST)

første	*1st*
andre	*2nd*
tredje	*3rd*
fjerde	*4th*
femte	*5th*
sjette	*6th*
sjuende	*7th*
åttende	*8th*
niende	*9th*
tiende	*10th*
ellevte	*11th*
tolvte	*12th*
trettende	*13th*
fjortende	*14th*
femtende	*15th*
sekstende	*16th*
syttende	*17th*
attende	*18th*
nittende	*19th*
tjuende	*20th*
tjueførste	*21st*

> **LANGUAGE TIP**
> Please note that when writing ordinals as numbers, we always have to remember the full stop.
> 1. (første)
> 2. (andre)
> 3. (tredje)
> etc.

NUMBERS (TENS AND HUNDREDS)

trettiende	30th
førtiende	40th
femtiende	50th
sekstiende	60th
syttiende	70th
åttiende	80th
nittiende	90th
hundrede	100th
hundrede og en	101st
hundrede og to	200th
hundrede og tre	300th
firehundrede og femtisjette	456th
tusende	1,000th
sju / syvtusende	7,000th
titusende	10,000th

LANGUAGE TIP

13.11.2015 **trettende i ellevte, to tusen og femten**.

As you can see from the example, in Norwegian the date is divided by a full stop and the order is always day first, month second and year last, and when we read it, we have to use ordinal numbers for both the day and the month. As in English, when we talk about dates we always have to use **den** (*the*) before the ordinal number.

Hvilken dato er det i dag? I dag er den 17. mai.
What date is it today? Today it is the 17th of May.

NEW EXPRESSIONS

Some of these new expressions are used in the following dialogues. Note their meaning and the differences between the various alternatives.

Hvor ligger museet?	*Where is the museum?*
Hvor ligger sykehuset?	*Where is the hospital?*
Vær så snill.	*Please.*
Kunne / Kan du hjelpe meg?	*Could / Can you help me?*
Jeg føler meg dårlig.	*I feel bad.*
Jeg er syk.	*I am ill.*
Jeg er kvalm/uvel.	*I feel sick.*
Jeg har vondt i magen.	*I have a bellyache. (lit. I have a pain in the belly)*
Jeg har vondt i ryggen.	*I have a backache.*

Jeg har vondt i hodet.	*I have a headache. (lit. I have a pain in the head)*
Jeg har hodepine.	*I have a headache.*
Jeg har vondt i halsen.	*I have a sore throat. (lit. I have a pain in my throat)*
Jeg er forkjølet.	*I have a cold.*
Jeg har feber.	*I have a fever.*
Ta til venstre.	*Turn left.*
Ta til høyre.	*Turn right.*
Gå rett fram.	*Go straight ahead.*
Følg veien.	*Follow the street.*

Dialogue 1

08.02 *Marion and Andrew are visiting Bergen for the first time and they want to visit the aquarium. Listen carefully to the dialogue before answering the questions.*

1   Do they live far from the aquarium?

2   Is it raining today?

Marion	Vi vil gjerne se akvariet i dag, er det langt borte?
Gunnar	Nei, dere kan gå dit, det tar ti, femten minutter, har du kart? Jeg kan vise dere hvor dere må gå.
Marion	Ja, her er kartet.
Gunnar	Takk. Ok, så vi er her, i Lille Markeveien. Herifra må dere gå 100 meter langs Lille Markeveien mot nord, så tar dere til venstre og går 20 meter, etterpå tar dere veien til høyre, den heter Klosteret. Etter 200 meter tar dere til venstre i Ytre Markeveien. Etter 100 meter tar dere til høyre, og etter 15 meter går dere rett fram, dere følger veien i 500 meter og finner akvariet.
Andrew	Takk, Jeg er sikker på at vi finner det! Hva synes du vi bør se etter akvariet?
Gunnar	Dere må se Bryggen, og så kan dere gå til Bergenhus Festning. Og så ta dere en tur i området, det er fullt av museer, restauranter og butikker, det er også julehuset, det vil dere sikkert like.
Andrew	Å, ja! Jeg vil gjerne se julehuset!
Gunnar	Og så kan dere ta Fløibanen og se hele byen.

Marion	Det vil jeg absolutt gjøre, men det regner i dag, det er best å vente til i morgen, når det er meldt sol.
Gunnar	Ja, jeg er enig, det er en god idé.
Marion	Og så vil jeg gjerne se Fisketorget, hvor ligger det?
Gunnar	Det ligger i Strandkaien, ved siden av turistinformasjon.
Marion	Å, ja, nå husker jeg. Tusen takk!
Gunnar	Bare hyggelig, ha en fin dag.
Andrew	Takk, i like måte.

3 Re-read the dialogue and answer the following questions.

a Where does Gunnar say they should go after the aquarium?

b Where does Gunnar say they could eat?

c What does Gunnar say they would enjoy visiting?

d What else do they decide to visit?

e When do they decide to take the Fløibanen funicular?

4 Look at the conversation again, then match the Norwegian with the English translation.

a Er det langt borte?

b Jeg kan vise dere hvor dere må gå.

c Hva synes du vi bør se?

d Det vil dere sikkert like.

e Det vil jeg absolutt gjøre!

f Det er best å vente til i morgen, når det er meldt sol.

    1 It's better to wait until tomorrow, when sun is forecast.

    2 I absolutely want to do that!

    3 Is it far from here?

    4 What do you think we should see?

    5 I can show you where you have to go.

    6 You will certainly like that.

5 How do Gunnar, Marion and Andrew say the following?

a take the road to the left

    1 ta en tur i området

    2 gå rett fram

    3 ta til venstre

    4 ta til høyre

b take the road to the right

    1 ta en tur i området

    2 gå rett fram

3 ta til venstre

4 ta til høyre

c from here

  1 herifra

  2 ta en tur i området

  3 gå rett fram

  4 ta til venstre

d take a walk in the area

  1 herifra

  2 ta en tur i området

  3 gå rett fram

  4 i like måte

e likewise

  1 gå rett fram

  2 ta til venstre

  3 ta til høyre

  4 i like måte

f go straight ahead

  1 gå rett fram

  2 ta til venstre

  3 ta til høyre

  4 i like måte

Language discovery

PREPOSITIONS OF PLACE

In Norwegian there are many prepositions, here we are going to focus on some prepositions of place. Look at the following table and try to memorize the differences.

Norwegian	English
Ved siden av	*Beside*
Fiskemarkedet ligger **ved siden av** turistinformasjon.	*The fish market is beside the tourist information office.*
Suvenirbutikken ligger **ved siden av** postkontoret.	*The souvenir shop is beside the post office.*
I nærheten av	*In the vicinity of*
Restauranten er **i nærheten av** Bryggen.	*The restaurant is in the vicinity of Bryggen.*
Vi bor **i nærheten av** museet.	*We live in the vicinity of the museum.*

Til venstre (for)	To the left
Postkontoret ligger *til venstre for* banken.	The post office is to the left of the bank.
Da tar dere *til venstre*.	Then you turn to the left.
Til høyre (for)	To the right
Banken ligger *til høyre for* postkontoret.	The bank is to the right of the post office.
Så tar dere veien *til høyre*.	Then you take the street on the right.
Rett fram	Straight ahead
Etter 15 meter går dere *rett fram*.	After 15 metres you walk straight ahead.
Utenfor	Outside of
Jeg står *utenfor* kirka.	I'm standing outside of the church.
Foran	In front of
Banken og postkontoret ligger *foran* kjøpesenteret.	The bank and the post office are in front of the shopping centre.
Hun sitter *foran* meg på bussen.	She's sitting in front of me on the bus.
Bak	Behind
Hun sitter *bak* meg på bussen.	She's sitting behind me on the bus.
Katten gjemmer seg *bak* sofaen.	The cat is hiding behind the sofa.
Mellom	Between
Butikken ligger *mellom* postkontoret og skolen.	The shop is between the post office and the school.
Sverige ligger *mellom* Norge og Finland.	Sweden is between Norway and Finland.
Blant	Among
Hun liker å være *blant* sine venner.	She likes being among her friends.
Over	Over
Lampa henger *over* senga.	The lamp is hanging over the bed.
Skiltet henger *over* døra.	The sign is hanging over the door.
Under	Under
Hunden ligger *under* bordet.	The dog is lying under the table.
Jeg sover *under* dyna.	I'm sleeping under the duvet.

1 Fill in the blanks with the right preposition.

a Da tar dere _____. (*to the left*)

b Da tar dere _____. (*to the right*)

c Etter 15 meter går dere _____ i Nordnesveien. (*straight ahead*)

d Hun liker å være _____ sine venner. (*among*)

e Hun sitter _____ meg på bussen. (*behind*)

f Hun sitter _____ meg på bussen. (*in front of*)

g Hunden ligger _____ bordet. (*under*)

h Jeg står _____ kirka. (*outside of*)

i Lampa henger _____ senga. (*over*)

j Suvenirbutikken ligger _____ postkontoret. (*beside*)

k Suvenirbutikken ligger _____ postkontoret. (*in the vicinity of*)

l Suvenirbutikken ligger _____ postkontoret. (*on the left*)

m Suvenirbutikken ligger _____ postkontoret. (*on the right*)

n Sverige ligger _____ Norge og Finland. (*between*)

Dialogue 2

08.03 *Maja and Mathias are going to take their Canadian friend Angelica to the souvenir shop to buy presents to her friends and family back home, when they realize they still need to buy train tickets for the following day. Listen carefully to the dialogue before answering the questions.*

1 What does Angelica want to buy?

2 Where are they going to before the souvenir shop?

Angelica	Jeg vil gjerne kjøpe gaver til venner og familien, og så trenger jeg kort.
Maja	Vi kan gå til suvenirbutikken i sentrum. Hva trenger du å kjøpe?
Angelica	Jeg trenger femten kort, og så noe norsk å ta med hjem.
Mathias	Vi må også kjøpe togbilletter til i morgen, det er lurt å gjøre det med én gang. Vi kan kjøpe dem på reisebyrå og så gå til suvenirbutikken som ligger ved siden av postkontoret.
Angelica	Det høres bra ut.
På reisebyrå …	
Selgeren	Hei, hva kan jeg hjelpe dere med?
Maja	Hei, vi trenger å bestille togbilletter til Lillehammer.
Selgeren	Hvor mange trenger dere og når vil dere reise?
Maja	Vi er tre og vi vil gjerne reise tidlig i morgen.
Selgeren	Trenger dere tur-retur?
Maja	Ja, takk. Vi tenker å reise tilbake sent på søndag.
Selgeren	Det blir 1494 kroner til sammen. Toget går på fredag kl. 7 og dere kommer tilbake på søndag kl. 22.
Maja	Fantastisk! Kan du bestille overnatting også?
Selgeren	Selvfølgelig. Hvor vil dere bo? Skal jeg se etter et dobbeltrom og et enkeltrom?
Maja	Vi har ikke råd til noe kjempedyrt. Så et tremannsrom kan være fint.
Selgeren	Jeg ser på vandrerhjemmet først da… ja, de har et tremannsrom ledig til 2190 kroner inkludert frokost.
Maja	Fantastisk, vi tar det. Er wifi gratis?
Selgeren	Ja, det er det.
Maja	Supert! Kan jeg betale med kort?
Selgeren	Ja, det kan du.

3 **Re-read the dialogue and answer the following questions.**
  a Where is the souvenir shop?
  b What is next to it?
  c How many postcards does Angelica need?
  d How much do the tickets cost?
  e What kind of room do they book?
  f How much does it cost?
  g How long are they staying?

4 **Look at the conversation again, then match the Norwegian with the English translation.**
  a Det høres bra ut.
  b Jeg trenger femten kort, og så noe norsk å ta med hjem.
  c Hei, hva kan jeg hjelpe dere med?
  d Hvor mange trenger dere og når vil dere reise?
  e Kan du bestille overnatting også?
  f Skal jeg se etter et dobbeltrom og et enkeltrom?
  g Vi har ikke råd til noe kjempedyrt.
     1 Hi, what can I help you with?
     2 We cannot afford anything really expensive.
     3 Can you book the overnight as well?
     4 Shall I look for a double and a single room?
     5 I need 15 postcards, and then something Norwegian to take home.
     6 How many do you need and when do you want to travel?
     7 Sounds good.

5 **How do the people in the dialogue say the following?**
  a fantastic
     1 gjerne
     2 fantastisk
     3 supert
  b wonderful
     1 gjerne
     2 fantastisk
     3 supert
  c to book
     1 gjerne
     2 bestille
     3 betale

d to pay
  1 gjerne
  2 bestille
  3 betale
e gladly
  1 gjerne
  2 fantastisk
  3 supert
f double room
  1 dobbeltrom
  2 enkeltrom
  3 tremannsrom
g single room
  1 dobbeltrom
  2 enkeltrom
  3 tremannsrom
h triple room
  1 dobbeltrom
  2 enkeltrom
  3 tremannsrom
i return ticket
  1 tur-retur
  2 bestille
  3 betale

Practice

1 08.04 **Listen to the second part of the previous dialogue again and fill in the blanks.**

På _____	
Selgeren	Hei, hva kan jeg _____ dere med?
Maja	Hei, vi trenger å _____ togbilletter til Lillehammer.
Selgeren	Hvor mange trenger dere og når vil dere _____?
Maja	Vi er tre og vi vil _____ reise tidlig i morgen.
Selgeren	Trenger dere _____?
Maja	Ja, takk. Vi tenker å reise tilbake sent på søndag.
Selgeren	Det blir 1494 kroner til sammen. Toget går på fredag kl. 7 og dere kommer tilbake på søndag kl. 22.

Maja	Fantastisk! Kan du bestille _____ også?
Selgeren	Selvfølgelig. Hvor vil dere bo? Skal jeg se etter et _____ og et _____?
Maja	Vi har ikke råd til noe kjempedyrt. Så et _____ kan være fint.
Selgeren	Jeg ser på _____ først da … ja, de har et _____ ledig til 2190 kroner _____ frokost.
Maja	Fantastisk, vi tar det. Er wifi gratis?
Selgeren	Ja, det er det.
Maja	Supert! Kan jeg _____ med kort?
Selgeren	Ja, det kan du.

2 Robert and Susan are on holiday in Norway but Robert is not feeling too well and they decide to visit a doctor at the legevakta. Read the following description of Robert's symptoms and answer the questions.

Jeg føler meg svak, jeg fryser og har vondt overalt. Jeg tror jeg har feber, og så har jeg veldig vondt både i ryggen og i nakken. I tillegg er jeg kvalm og har mistet matlysten. Jeg nyser hele tiden og har begynt å hoste. Og ja, jeg har også vondt i halsen.

   a How does Robert feel?
   b Where does it hurt?
   c Does he have a fever?

3 How does Robert say the following? Match the Norwegian with the English translation.

a Jeg nyser hele tiden.	**1** I'm cold.
b Jeg er kvalm.	**2** I'm feeling weak.
c Jeg føler meg svak.	**3** I think I have a fever.
d Jeg fryser.	**4** I'm nauseous.
e Jeg har begynt å hoste.	**5** I sneeze all the time.
f Jeg tror jeg har feber.	**6** I have begun coughing.

? Test yourself

1 Write a short text in which you describe how you are feeling and what parts of your body are aching.

_____

_____

_____

_____

2 Rearrange the words into sentences; do not forget to place the capital letter on the first word.

a må   mot   gå   nord   langs   dere   herifra   veien   .

b da   til   venstre   dere   tar   .

c til   så   tar   h øyre   dere   veien   .

d dere   meter   etter   venstre   tar   200   til   .

e meter   100   tar   etter   til   dere   høyre   .

f 15   rett   går   meter   etter   fram   dere   .

3 Write a short text addressed to a friend, in which you explain to him / her how to reach your home from the city centre.

_____

_____

_____

_____

4 When is your birthday? Write the complete date.

_____

_____

_____

_____

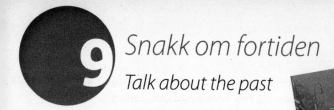

Snakk om fortiden

Talk about the past

In this unit, you will learn how to:

▶ *use the past tenses.*
▶ *describe yourself.*
▶ *greet people on different holidays.*

CEFR: (A1) *Can handle past tenses. Can describe someone's physical appearance and greet people on different holidays.* **(A2)** *Can write short, simple notes and messages relating to matters in areas of immediate need.*

Norwegian holidays and festivities

17. mai (*17th May*) is perhaps the most important holiday in Norway. It is the day when Norwegians celebrate their **grunnlov** (*constitution*), signed in Eidsvoll on 17th May 1814. People wear the **bunad** (*traditional folk costume*), carry the Norwegian **flagg** (*flag*) and greet each other saying **gratulerer med dagen** (*happy birthday*) and **hurra**, and singing **nasjonalsangen 'ja vi elsker'** (*the national anthem 'ja vi elsker'*). In terms of religious festivities, Norwegians celebrate **Luciadagen** (*St Lucy*) on 13th of December and bake a typical Swedish dish called **lussekatter** (*saffron buns*). **Jul** (*Christmas*) is very important in Norway, and it is very nice to see candles and Christmas lights everywhere. People greet each other saying **god jul** (*Merry Christmas*), exchange presents and eat traditional Christmas food, such as **lutefisk** (*lye fish*). In Norway presents are exchanged on **julaften** (*24th December*), instead of on **1. juledag** (*25th December*), and *Boxing Day* is called **andre juledag**. **Nyttårsaften** (*New Year's Eve*) is celebrated with **fyrverkeri** (*fireworks*) and by saying **godt nytt år / godt nyttår** (*Happy New Year*), as one also does on **nyttårsdag** (*New Year's Day*). Another very important religious holiday is **påske** (*Easter*), during which Norwegians eat lots of **egg** (*eggs*), take long trips to their **hytter** (*cabins*), **går på ski** (*go skiing*), and read **påskekrim** (*the Easter mystery novel*). Another non-religious festivity is **1. mai** (*first of May*), also called **arbeidernes dag** (*Worker's Day*).

How do you think you would say *Happy Easter*?

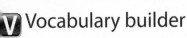

Vocabulary builder

09.01 **Listen to the following verbs in the different tenses, and then repeat, trying to imitate the Norwegian pronunciation. Then complete with the missing expressions in English as in the examples.**

Infinitive	Present	Simple past	Present perfect	English
å bøye	bøyer	bøyde	har bøyd	*to bend*
å drikke	drikker	drakk	har drukket	*to drink*
å feire	feirer	feiret	har feiret	*to celebrate*
å forstå	forstår	forsto	har forstått	*to understand*
å gjøre	gjør	gjorde	har gjort	
å glemme	glemmer	glemte	har glemt	
å gå	går	gikk	har gått	
å ha	har	hadde	har hatt	
å hate	hater	hatet	har hatet	
å høre	hører	hørte	har hørt	
å jobbe	jobber	jobbet	har jobbet	
å lage	lager	lagde	har lagd	
å leie	leier	leide	har leid	
å lese	leser	leste	har lest	
å nå	når	nådde	har nådd	
å se	ser	så	har sett	
å si	sier	sa	har sagt	
å skjønne	skjønner	skjønte	har skjønt	
å snakke	snakker	snakket	har snakket	
å spille	spiller	spilte	har spilt	
å spise	spiser	spiste	har spist	
å sy	syr	sydde	har sydd	
å tro	tror	trodde	har trodd	
å vente	venter	ventet	har ventet	
å være	er	var	har vært	*to be*

NEW EXPRESSIONS

Some of these new expressions are used in the following dialogues. Note their meaning and the differences between the various alternatives.

Jeg er 1,60 meter høy.	*I am 1.6 metres tall.*
Jeg er flink (i noe).	*I am good (at something).*
Han er frekk.	*He is rude.*

Han er hyggelig.	*He is nice.*
Han er morsom.	*He is funny.*
Jeg er slem.	*I am naughty / bad.*
Hun er sta.	*She is stubborn.*
Hun er stolt.	*She is proud.*
Hun er sterk.	*She is strong.*
Du er svak.	*You are weak.*
Du er tjukk.	*You are fat.*
Du er tynn.	*You are thin.*
Jeg har blå øyne.	*I have blue eyes.*
Jeg har brune øyne.	*I have brown eyes.*
Jeg har grønne øyne.	*I have green eyes.*
Jeg har blondt hår.	*I have blond hair.*
Jeg har rødt hår.	*I have red hair.*
Jeg har brunt hår.	*I have brown hair.*
Jeg har mørkt hår.	*I have dark hair.*
Jeg har lyst hår.	*I have fair hair.*

Dialogue 1

 09.02 *It is the evening of **17. mai**, and Monika and Guri are talking about what they did and where they went during the day. Listen carefully to the dialogue before answering the questions.*

1 What was Monika wearing?

2 Why was Guri dressed differently?

Monika	Gratulerer med dagen!
Guri	Ja, gratulerer med dagen! Hvordan feiret du?
Monika	Jeg spiste 17. mai frokost hos noen venner, og så gikk jeg til Karl Johans gate tidlig for å se på barnetoget. Niesen min gikk sitt første tog i år!
Guri	Å, så koselig! Tok du mange bilder?
Monika	Ja, hun var veldig stolt av bunaden sin.
Guri	Jeg kan tenke meg det! Hadde du også bunad på?
Monika	Ja, hadde ikke du bunad på deg?
Guri	Nei, den ble igjen hos foreldrene mine i Nord-Norge, så jeg måtte ha en vanlig kjole på meg.
Monika	Jeg skjønner, neste år da.

Guri	Ja. Hva gjorde du etter toget?
Monika	Jeg og niesen spiste softis, mens søsteren min og mannen hennes spiste pølse, og så gikk vi til Grønland, for der er det Tivoli.
Guri	Jeg var også der! Synd at vi ikke så hverandre.
Monika	Ja, men det var fullt av folk.
Guri	Ja, det var nok det.

3 Re-read the dialogue and answer the following questions.

a Where did Monika eat breakfast?
b Where did she go after breakfast?
c What did she do after the parade?
d What did Monika eat?
e What did her sister eat?
f Where did both Monika and Guri go after the parade?

4 Look at the dialogue again, then match the Norwegian with the English translation.

a Gratulerer med dagen!
b Tok du mange bilder?
c Hadde du også bunad på?
d Jeg og niesa spiste softis, mens søstera mi og mannen hennes spiste pølse
e Synd at vi ikke så hverandre.
f Ja, men det var fullt av folk.

  1 Yes, but it was crowded.
  2 It's a pity we didn't see each other.
  3 My niece and I ate soft serve ice cream, while my sister and her husband ate a hot dog.
  4 Did you take many pictures?
  5 Happy birthday! / Happy 17th May!
  6 Did you wear a *bunad* as well?

5 How do Guri and Monika say the following?

a parade
  1 folk
  2 pølse
  3 softis
  4 tog

b dress
  1 folk
  2 kjole
  3 pølse
  4 softis

c pictures
  1 bilder
  2 mange
  3 softis
  4 tog
d many
  1 kjole
  2 mange
  3 pølse
  4 softis
e people
  1 bilder
  2 folk

3 kjole
4 tog
f hot dog
  1 kjole
  2 mange
  3 pølse
  4 softis
g ice cream / soft serve
  1 kjole
  2 mange
  3 pølse
  4 softis

 Language discovery 1

1 SIMPLE PAST

In Norwegian, the simple past is created by changing the verb ending. Endings depend on which group the verb belongs to. There are four groups of regular verbs and then there are irregular verbs, which behave differently. It is useful to note that the irregular verbs often behave similarly to their English equivalents.

Irregular verbs

Jeg *drakk* te i går.	*I drank tea yesterday.*
Jeg *forsto* ikke.	*I didn't understand.*
Hun *gjorde* ikke det jeg *sa*.	*She didn't do what I said.*
***Var* du hjemme i går?**	*Were you at home yesterday?*

To make the simple past of regular verbs, we take out both the **å** and the **-e** ending of the infinitive, then add the tense ending, which changes according to which 'group' the verb belongs to.

Group 1

The ending for this group is **-et** (which in many dialects becomes **-a**). The majority of Norwegian verbs belong to this group: if the base form ends in **-d**; **-t**; or two consonants (e.g. **-nt**; **-sk**; etc.), then the verb belongs to this group.

1 Complete the following verbs with the definite ending.

a Jeg snakk _____ med Pål for tre dager siden.
I talked to Pål three days ago.

b Hun hat _____ ham etter bruddet.
She hated him after the breakup.

c Han vent _____ på henne på kafeen.
He waited for her at the coffee shop.

Group 2

The ending for this group is **-te**. If the base form ends in **-es**; **-ek**; **-is**; **-it**; **-øk**; **-ør**; **-ill**; **-emm**; etc.; then the verb belongs to this group.

2 Complete the following verbs with the definite ending.

a Jeg les _____ hele dagen i går.   *I studied / read all day yesterday.*

b Han hør _____ alltid på musikk.   *He always listened to music.*

c Hun spil _____ fotball i går.   *She played football yesterday.*

d Han glem _____ nøklene hjemme i morges.
He forgot the keys at home this morning.

Group 3

The ending for this group is **-de**. If the base form ends in **-g**; **-v**; or in **-ei**; **-ai**; **-øy**, then the verb belongs to this group.

3 Complete the following verbs with the definite ending.

a Jeg lag _____ ei kake til hennes bursdag.
I made a cake for her birthday.

b Jeg lei _____ leiligheten min i fjor.
I rented my apartment last year.

c Læreren bøy _____ verbet for studentene.
The teacher conjugated the verb for the students.

Group 4

The ending for this group is **-dde**. If the verb has only one syllable, then it belongs to this group.

4 Complete the following verbs with the definite ending.

a Hun ha _____ mange venner.   *She had many friends.*

b Jeg tro _____ ikke på ham.   *I did not believe him.*

c Han nå _____ ikke flyplassen i tiden.   *He did not reach the airport on time.*

d Hun sy _____ genseren min.   *She sewed my sweater.*

Dialogue 2

09.03 *Olav and Ulf are talking about places they have been to, and places they would like to visit. Listen carefully to the dialogue before answering the questions.*

1 Where has Olav never been?

2 Where would Ulf like to go next?

Olav	Har du vært i Australia?
Ulf	Nei, jeg har aldri vært der, men neste gang jeg reiser, skal jeg dra til Australia og New Zealand, jeg har allerede bestilt flybillettene.
Olav	Så bra! Jeg har vært der én gang da jeg var ung, det var fantastisk!
Ulf	Ja, jeg gleder meg. Har du vært i Canada?
Olav	Ja, jeg har vært både i Canada og i USA, men det er lenge siden, jeg vil gjerne dra tilbake.
Ulf	Du har vært overalt!
Olav	Nei, jeg har aldri vært i Tyskland, så jeg tror jeg reiser dit neste gang.
Ulf	Jeg har vært i Tyskland mange ganger, men jeg har aldri vært i Østerrike. Jeg vil gjerne reise dit også. Har du vært der?
Olav	Ja, det har jeg, og jeg har også vært i Frankrike, Italia og Spania.
Ulf	Jeg har vært i Spania, men ikke i Frankrike og Italia.
Olav	Vi har aldri reist sammen, vi kunne gjøre det!
Ulf	Ja, det er en god idé, vi må bare finne et sted ingen av oss har sett før.
Olav	Det er sikkert lett, det er mange steder vi aldri har sett!
Ulf	Ja, det er sant.

3 Re-read the dialogue and answer the following questions.
   a How many countries has Olav visited?
   b Which are they?
   c How many countries has Ulf visited?
   d Which are they?
   e What do they decide in the end?

4 **Look at the conversation again, then match the Norwegian with the English translation.**

a Jeg har vært der én gang da jeg var ung, det var fantastisk!
b Du har vært overalt!
c Vi har aldri reist sammen.
d Vi må bare finne et sted ingen av oss har sett før.
e Det er mange steder vi aldri har sett.

    1 We have never travelled together.
    2 We just have to find a place neither of us has seen before.
    3 I have been there once when I was young, it was fantastic!
    4 There are many places we have never seen.
    5 You have been everywhere!

5 **How do Olav and Ulf say the following?**

a everywhere
    1 både … og
    2 overalt
    3 det er lenge siden
    4 aldri

b both … and
    1 både … og
    2 overalt
    3 det er lenge siden
    4 hverken av oss

c it's been a long time
    1 både … og
    2 overalt
    3 det er lenge siden
    4 hverken av oss

d neither of us
    1 både … og
    2 det er lenge siden
    3 aldri
    4 hverken av oss

e never
    1 både … og
    2 det er lenge siden
    3 aldri
    4 hverken av oss

Language discovery 2

PRESENT PERFECT

Present perfect in Norwegian is composed, as in English, by the verb *to have* in the present tense, and the **past participle** of the verb.

Irregular verbs

Jeg *har* nettopp *drukket* te.	*I have just drunk tea.*
Jeg *har* ikke *forstått*.	*I haven't understood.*
Hun *har* ikke *gjort* det jeg sa.	*She hasn't done what I said.*
***Har* du *vært* hjemme hele dagen?**	*Have you been home all day?*
***Har* de *vært* i England før?**	*Have they been to England before?*

Group 1

The ending for this group remains **-et**.

1 Complete the following verbs with the definite ending.

  a Jeg har nettopp snakk _____ med Pål. *I just talked to Pål.*

  b Hun har ikke jobb _____ i dag.   She *has not been working today.*

  c Han har vent _____ på henne i en time. *He has been waiting for her for one hour.*

Group 2

The ending for this group is **-t**.

2 Complete the following verbs with the definite ending.

  a Jeg har les _____ hele dagen.
  I have been studying / reading all day.

  b Han har alltid hør _____ på musikk.
  He has always listened to music.

  c Hun har spil _____ fotball i to timer.
  She has been playing football for two hours.

  d Han har glem _____ nøklene hjemme.
  He has forgotten the keys at home.

Group 3

The ending for this group is **-d**.

3 Complete the following verbs with the definite ending.

  a Jeg har lag _____ ei kake.
  I made a cake.

  b Jeg har lei _____ leiligheten min.
  I have rented my apartment.

c Læreren har bøy _____ verbet.
  The teacher has conjugated the verb.

Group 4

The ending for this group is **-dd**.

4 Complete the following verbs with the definite ending.

a Hun har sy _____ genseren min.
  She has sewn my sweater.

b Jeg har aldri tro _____ på ham.
  I never believed him.

c Han har ikke nå _____ flyplassen i tiden.
  He has not reached the airport on time.

d Hun har ha _____ mange venner.
  She has had many friends.

Practice

Rune and his partner are going to meet a distant relative, whom they have never met before, at the airport. Read the following email in which Rune describes himself and Åshild.

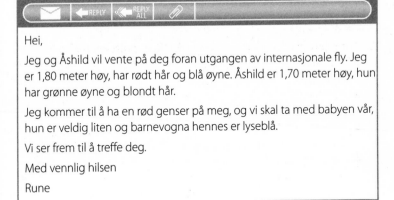

Hei,

Jeg og Åshild vil vente på deg foran utgangen av internasjonale fly. Jeg er 1,80 meter høy, har rødt hår og blå øyne. Åshild er 1,70 meter høy, hun har grønne øyne og blondt hår.

Jeg kommer til å ha en rød genser på meg, og vi skal ta med babyen vår, hun er veldig liten og barnevogna hennes er lyseblå.

Vi ser frem til å treffe deg.

Med vennlig hilsen

Rune

1 Re-read the email and answer the following questions.

  a How tall is Rune?

  b What colour is Åshild's hair?

  c What colour is Rune going to wear?

  d Who are they also bringing?

  e What colour is her stroller?

2 How does Rune say the following?

  a 1,80 m tall

  b blond

  c red hair

  d blue eyes

  e We're looking forward to meeting you.

? Test yourself

1 Write a short text in which you talk about what you did when you were a child.

_____

_____

2 Rearrange the words into sentences; do not forget to place the capital letter on the first word.

a vi treffe ser til frem deg å .

b ditt for som deg fyller hurra år .

c toget du hva etter gjorde ?

d folk var ja, fullt det men av .

e Australia reiser gang jeg neste og New Zealand til .

f Spania vært jeg i har .

3 Write a short story using simple past and present perfect.

_____

_____

4 Irregular verbs. Fill in the blanks with the simple past of the verb in brackets.

a Jeg _____ te i går. (_drink_)

b Jeg _____ ikke. (_understand_)

c Hun _____ ikke det jeg _____. (_do, say_)

d _____ du hjemme i går? (_be_)

5 Irregular verbs. Fill in the blanks with the present perfect of the verb in brackets.

a Jeg _____ nettopp _____ te. (_drink_)

b Jeg _____ ikke _____. (_understand_)

c Hun _____ ikke _____ det. (_do_)

d _____ du _____ hjemme i hele dagen? (_stay_)

e _____ de _____ i England før? (_be_)

SELF CHECK

I CAN ...	
●	... talk about my past.
●	... describe myself.
●	... greet people during holidays and festivities.

10 Hva gjør du når du har fri?
What do you do in your free time?

In this unit, you will learn how to:
▸ *talk about the weather.*
▸ *talk about actions.*
▸ *use comparatives and superlatives.*
▸ *talk about hobbies and free time activities.*
▸ *talk about sport, music, books and what you like and dislike.*

CEFR: (A1) *Can talk about the weather. Can handle simple information about pastimes and hobbies. Can describe usual actions.* **(A2)** *Can write about everyday aspects of your environment. Can understand short, simple texts containing the highest frequency vocabulary. Can use simple descriptive language to make brief statements about and compare objects.*

Norway geography, nature and climate

Norge (*Norway*) is one of the Scandinavian countries, together with **Sverige** (*Sweden*) and **Danmark** (*Denmark*), and it **grenser** (*adjoins*) Sverige (*Sweden*), Finland and **Russland** (*Russia*). Norway's **hovedstad** (*capital city*) is Oslo, and the country is divided into 19 **fylker** (*counties*). Norway is a **konstitusjonelt monarki** (*constitutional monarchy*), and its official name is **Kongeriket Norge**. Norway has around 5 million **innbyggere** (*inhabitants*), and is one of the world's **rikeste land** (*richest countries*). Norway is **langt** (*long*) and **smalt** (*narrow*), and it has a very long **kystlinje** (*coastline*), full of **fjorder** (*fjords*). The country has also many **fjell** (*mountains*), **skoger** (*forests*), **elver** (*rivers*) and **innsjøer** (*lakes*). Norway's **høyeste fjell** (*highest mountain*) is Galdhøpiggen, Norway's **største innsjø** (*largest lake*) is Mjøsa, and its **lengste elv** (*longest river*) is called Glomma. **Golfstrømmen** (*the Gulf Stream*) influences **klimaet** (*the climate*); **årsmiddeltemperaturen** (*average yearly temperature*) is 8° C on the west coast, and 0° C in central mountain areas above 750–1,000 **meter over havet** (*metres above sea level*). Norwegian nature changes greatly depending on the area. In **Nord-Norge** (one of the counties, called *North-Norway*) and on the mountains in the

South, there are **arktiske plantearter** (*arctic plant life*), while on the coast in **Vestlandet** (*one of the major areas in which Norway is divided*), the plants are similar to those found in England, due to the mitigating effect of the Gulf Stream. Typical animals in the North of Norway are **rein** (*reindeer*), **jerv** (*wolverine*), **snøugle** (*snowy owl*), **ryper** (*lagopus*) and **snøspurv** (*snow bunting*). In the South of Norway one can find the **elg** (*moose*), **hjort** (*red deer*), **rådyr** (*roe deer*), **bever** (*European beaver*), **brunbjørn** (*brown bear*), **ulv** (*wolf*), **gaupe** (*Eurasian lynx*), **rev** (*fox*), **lemen** (*Norway lemming*) and **røyskatt** (*stoat*). On the whole coastline, there are also **hvaler** and **seler**.

a What are hvaler?	**b** What are seler?

Vocabulary builder

10.01 Listen to the following words, and then repeat, trying to imitate the Norwegian pronunciation. Then complete with the missing expressions in English.

dag	*day*
natt	*night*
varmt	_____
kaldt	_____
snø	*snow*
regn	_____
sol	_____
måne	*moon*
tåke	*fog*
torden	*thunder*
lyn	*lightning*
is	*ice*
vind	_____
hagle	*hail*
å regne	_____
å snø	_____
å tordne	_____
å lyne	_____
å blåse	*to blow*
å svette	_____
å fryse	_____
å skinne	_____

10 *Hva gjør du når du har fri? What do you do in your free time?* 139

NEW EXPRESSIONS

Some of these new expressions are used in the following dialogues. Note their meaning and the differences between the various alternatives.

Sola skinner.	*The sun is shining.*
Det er varmt.	*It's warm.*
Det er kaldt.	*It's cold.*
Været er fint.	*The weather is nice.*
Det er pent vær (i dag).	*The weather is nice (today).*
Det er dårlig vær (i dag).	*The weather is bad (today).*
Det er tåke.	*It's foggy.*
Det regner. / Det er regn.	*It's raining.*
Det tordner og lyner.	*There's thunder and lightning.*
Det snør.	*It's snowing.*
Det blåser. / Det er vind.	*It's windy.*
Det er is.	*There's ice.*
Det hagler.	*It's hailing.*
Jeg fryser.	*I'm freezing.*
Jeg er kald.	*I'm cold.*
Jeg er varm.	*I'm warm.*
Jeg svetter.	*I'm sweating.*
Det er 15 kuldegrader.	*It's 15 degrees (centigrade) below zero.*
Det er 30 (varme)grader.	*It's 30 degrees (centigrade).*

2 Match the Norwegian with its English translation.

a	snø	**1**	moon
b	lyn	**2**	thunder
c	hagle	**3**	lightning
d	måne	**4**	snow
e	torden	**5**	hail

Dialogue 1

10.02 *It's winter and it is very cold outside. Marit and Kristian talk about their favourite seasons, weather conditions and what they usually do during the different seasons. Listen carefully to the dialogue before answering the questions.*

1 What is Marit's favourite winter activity?

2 What does Kristian usually do during the winter?

Marit	Å, jeg fryser, det er så kaldt!
Kristian	Ja, du har rett, men jeg liker når det er vinter og det snør.
Marit	Ja da, jeg liker også snøen og det er koselig å være hjemme om vinteren, men jeg liker ikke at det er mørkt.
Kristian	Hva gjør du vanligvis om vinteren?
Marit	Om vinteren går jeg på ski, men jeg liker best å gå på skøyter. Og så drar jeg på hyttetur, selvfølgelig! Hva med deg?
Kristian	Jeg går mye på ski, men jeg går også tur i skogen når det er snø. Hvilken årstid liker du best?
Marit	Jeg liker våren best, været blir pent og det er blomster overalt. Hva med deg?
Kristian	Jeg liker sommeren veldig godt.
Marit	Hva gjør du vanligvis om sommeren?
Kristian	Jeg reiser ofte til Syden og nyter solen på stranden.
Marit	Å, det er nydelig! Jeg reiser også, men liker best å reise til varme steder om vinteren.
Kristian	Jeg skjønner. Det er også smart.
Marit	Ja, det er fint å ta en pause fra is og snø.

3 Re-read the dialogue and answer the following questions.

   a Is Marit cold?
   b What is Marit's favourite season?
   c What does Kristian usually do during the summer?
   d Where do they like travelling?

4 Look at the dialogue again, then match the Norwegian with the English translation.

   a Du har rett.
   b Jeg liker også snøen.
   c Om vinteren går jeg på ski.
   d Jeg liker best å gå på skøyter.
   e Jeg liker våren best.
   f Hva gjør du vanligvis om sommeren?
   1 I ski during the winter.
   2 You're right.
   3 I prefer spring.
   4 What do you normally do in the summer?
   5 I like snow too.
   6 I prefer skating.

5 How do Kristian and Marit say the following?

a usually / normally
  1 mørk
  2 vanligvis
  3 hyttetur
  4 selvfølgelig
  5 ofte

b dark
  1 mørk
  2 vanligvis
  3 hyttetur
  4 selvfølgelig
  5 ofte

c surely
  1 mørk
  2 vanligvis
  3 hyttetur
  4 selvfølgelig
  5 ofte

d often
  1 mørk
  2 vanligvis
  3 hyttetur
  4 selvfølgelig
  5 ofte

e trip to the cabin
  1 mørk
  2 vanligvis
  3 hyttetur
  4 selvfølgelig
  5 ofte

f season
  1 vinter
  2 årstid
  3 vår
  4 sommer
  5 høst

g winter
  1 vinter
  2 årstid
  3 vår
  4 sommer
  5 høst

h spring
  1 vinter
  2 årstid
  3 vår
  4 sommer
  5 høst

i summer
  1 vinter
  2 årstid
  3 vår
  4 sommer
  5 høst

j autumn
  1 vinter
  2 årstid
  3 vår
  4 sommer
  5 høst

6 Rearrange the words into sentences, not forgetting to place the capital letter on the first word. Each sentence can be rearranged in two different ways. Please write both.

a koselig er   å   vinteren   være   det hjemme   om .

b ski   vinteren   om jeg   på   går   .

c best vinteren   liker   å   steder   varme   reise   om   til jeg .

d jeg   lange   går   turer   i   om   skogen   sommeren .

e pent   våren   blir og   overalt om det   været   er
blomster   .

f Syden   høsten ofte   til   og nyter   jeg   på sola   reiser
om   stranda   .

Language discovery 1

TIME EXPRESSIONS

In Norwegian there are several ways to express when something happens.
Depending on when we are talking about, we must also use the right
tense. Please note that only the simple past is used with time expressions
like those in the following table, and in these cases, they are used to
express a finished action.

Past		Present		Future	
i morges	this morning	**nå**	now	**i morgen**	tomorrow
i går	yesterday	**i dag**	today	**(i) neste uke**	next week
i forrige uke	last week	**(i) denne uka**	this week	**om to / tre / fire … dager / uker / måneder / år**	in two / three / four days / weeks / months / years
(i) forrige måned	last month	**i kveld**	this evening	**i morgen tidlig / ettermiddag / kveld**	tomorrow morning / afternoon / evening
i fjor	last year	**i år**	this year	**neste mandag / torsdag …**	next Monday / Tuesday …
for to / tre / fire … år/ måneder / dager siden	two / three / four … years / months / days ago	**i natt**	tonight	**neste uke / måned / år**	next week / month / year

We can also use time expressions with the present perfect tense, but
only when we are talking about an action that is not over yet, or about
something that just happened. Look at these examples.

Jeg har _akkurat_ kommet hit.   *I have just arrived here.*
Hun har _nettopp_ dratt.   *She has just gone away.*
Jeg har lest _i hele dagen_.   *I have been reading all day.*
Han har vært på ferie _i en_   *He has been on holiday for one*
måned.   *month.*

1 **Match the Norwegian with the English translation.**
   a Hun kom til Australia for ei uke siden.
   b Hanne har jobbet i fire timer.
   c Dere har vært gift i seksti år.
   d Dere var gift i seksti år.
   e Hanne jobbet i fire timer.
   f Han har vært syk i tre måneder.
   g Hun flyttet til Spania i fjor.
   h Han var syk i tre måneder.

   1 She came to Australia a week ago.
   2 You were married for 60 years.
   3 She moved to Spain last year.
   4 He has been ill for three months.
   5 Hanne has been working for four hours.
   6 You have been married for 60 years.
   7 Hanne worked for four hours.
   8 He was ill for three months.

2 **Choose the correct meaning of the following expressions.**
   a dag
     1 yesterday
     2 today
     3 day
   b natt
     1 today
     2 night
     3 day
   c i dag
     1 yesterday
     2 today
     3 day
   d i går
     1 tomorrow
     2 yesterday
     3 today

   e i morgen
     1 tomorrow
     2 yesterday
     3 this morning
   f i morges
     1 tomorrow
     2 yesterday
     3 this morning
   g i fjor
     1 yesterday
     2 next year
     3 last year
   h neste år
     1 tomorrow
     2 next year
     3 last year

3 **10.03 Listen to the following words, translate and repeat them, trying to imitate the Norwegian pronunciation.**
   a i går
   b en dag
   c i morges
   d i fjor
   e i oktober
   f i dag

g i sommer	**k** om vinteren
h i morgen	**l** i julen
i om sommeren	**m** i påsken
j neste år	**n** en årstid

Dialogue 2

10.04 *Jorun and Yngve are talking about their favourite pastimes. Listen carefully to the dialogue before answering the questions.*

1 What are Jorun's favourite pastimes?

2 What are Yngve's favourite pastimes?

Jorun	Hva liker du å gjøre når du har fri?
Yngve	Jeg liker å lese, å høre på musikk, og å gå tur. Hva med deg?
Jorun	Jeg liker også å lese, å høre på musikk og å gå tur, men jeg liker også å spille brettspill med venner og å spille dataspill.
Yngve	Jeg også, jeg elsker å spille! Vi kunne spille sammen noen ganger.
Jorun	Ja, det er en kjempegod idé. Jeg bare ønsker vi hadde mer fritid.
Yngve	Ja, det er sant. Hva leser du vanligvis?
Jorun	Jeg liker krim og romaner, både på norsk og på engelsk. Og du?
Yngve	Nå leser jeg mange eventyr fra forskjellige land, jeg synes det er mer spennende å lese eldre enn nyere litteratur. Og man skjønner også flere moderne verk når man kjenner eldre litteratur.
Jorun	Ja, absolutt. Hvordan fikk du interesse for det?
Yngve	Jeg leste om sagn og mytologi, og så fikk jeg lyst til å lære mer om eventyr også, jeg har alltid vært interessert i nordisk litteratur og kultur.
Jorun	Det er veldig interessant, kanskje jeg skal også lese mer om det.

3 Read the dialogue again and answer the questions.

   a What do they decide to do together?

   b What is Yngve reading now?

   c Why is he reading it?

   d What does Jorun say at the end?

4 Look at the conversation again, then match the Norwegian with the English translation.

   a Hva liker du å gjøre når du har fri?

   b Jeg liker også å spille brettspill med venner.

   c Ja, det er en kjempegod idé.

   d Jeg bare ønsker vi hadde mer fritid.

   e Jeg har alltid vært interessert i nordisk litteratur og kultur.

      1 I have always been interested in Nordic literature and culture.

      2 Yes, it's a great idea.

      3 I like playing board games with friends too.

      4 What do you like doing in your free time?

      5 I only wish we had more free time.

5 How do Jorun and Yngve say the following?

   a interesting

      1 kjempegod

      2 interessant

      3 vanligvis

      4 forskjellig

   b usually

      1 kanskje

      2 vanligvis

      3 forskjellig

      4 absolutt

   c maybe

      1 interessant

      2 kanskje

      3 vanligvis

      4 forskjellig

   d different

      1 kjempegod

      2 vanligvis

      3 forskjellig

      4 absolutt

e absolutely
   1 kjempegod
   2 vanligvis
   3 forskjellig
   4 absolutt

f great / very good / wonderful
   1 kjempegod
   2 interessant
   3 vanligvis
   4 forskjellig

g more
   1 kjempegod
   2 interessant
   3 kanskje
   4 flere

Language discovery 2

1 COMPARATIVES AND SUPERLATIVES (INDEFINITE)

When we have to compare and contrast, we need to modify the adjectives. In Norwegian, the comparative is made by taking the base form of the adjective and adding the ending **-ere**, or **-re**, and often the word **enn**, as in the following example:

Denne genseren er *billigere enn*   *This sweater is cheaper than the one*
den der borte.   *over there.*

1 Complete the following sentences with the correct comparative.
  a I dag er det kald_____ enn i går. *Today it is colder than yesterday.*
  b Bilen min er ny_____ enn din.   *My car is newer than yours.*

In some cases, the ending is not the only thing that changes in the base form.

2 Complete the following sentences with the correct comparative.
  a Du er yng_____ enn meg.   *You're younger than me.*
  b Min søster er vakr_____ enn meg.   *My sister is prettier than me.*
  c Denne filmen er morsomm_____ enn den vi så i går.   *This movie is funnier than the one we saw yesterday.*
  d Det bordet er tungt, men dette er tyng_____ .   *That table is heavy, but this one is heavier.*

Norwegian superlatives are made by taking the base form of the adjective and adding the ending **-est**, or **-st**.

3 Complete the following sentences with the correct superlative.

   a Denne genseren er billig_____ . *This sweater is the cheapest.*

   b Denne kjolen er dyr_____ . *This dress is the most expensive.*

   c Det er enkl_____ å ta buss. *It's easiest to take the bus.*

   d Du er pen_____ . *You're the prettiest.*

When the base form changes for the comparative, then it also changes for the superlative, adding the ending **-est**, or **-st**.

4 Complete the following sentences with the correct superlative.

   a Jeg er yng_____ . *I'm the youngest.*

   b Du er vakr_____ . *You're the prettiest.*

   c Dette bordet er tyng_____ . *This table is the heaviest.*

As in English, Norwegian has some irregular adjectives, which, instead of taking a different ending, need the word **mer** (*more*), and **mest** (*most*).

5 Complete the following sentences with the correct comparative or superlative.

   a Det er _____ praktisk å ta trikken. *It's more practical to take the tram.*

   b Å ta trikken er _____ praktisk. *To take the tram is most practical.*

Other irregular adjectives change completely from the base form to the comparative, and then maintain the changes in the superlative form as well, such as **bra–bedre–best** (*good–better–best*) and **mange–flere–flest** (*many–more–most*).

6 Complete the following sentences with the correct comparative or superlative.

   a Det går _____ . *I'm good. / It's good.*

   b Det går _____ . *I'm better. / It's better.*

   c Det er _____ at vi går hjem. *It's best if we go home.*

   d Det er _____ folk. *There are many people.*

   e Det er _____ folk. *There are more people.*

   f Folk _____ er her. *Most people are here.*

7 Match the Norwegian with the English.

   a bedre   **1** a little

   b dårlig / ille   **2** bad

   c eldst   **3** better

d færre	**4** few
e færrest	**5** fewer
f få	**6** fewest
g gammel	**7** good / well
h god / bra	**8** less
i lite	**9** many
j mange	**10** more
k mer	**11** most
l mest	**12** much
m mindre	**13** old
n mye	**14** oldest
o verre	**15** worse

2 SUPERLATIVES (DEFINITE)

If the superlative comes after a demonstrative pronoun (**den**, **det**, **de**, etc.), it has an **-e** added at the end, as with the plural form:

Han er *den snilleste* jeg kjenner.	*He's the nicest I know.*
Du er *den morsomste* jeg kjenner.	*You're the funniest I know.*
Hanne kjøpte *det dyreste* huset.	*Hanne bought the most expensive house.*
Guro har *den peneste* kjolen.	*Guro has the prettiest dress.*

3 SIMPLE PAST AND PRESENT PERFECT OF MODAL VERBS

The simple past of modal verbs is the same as the infinitive form of the verb, but without the **å**.

***Kunne* han komme i går?**	*Could he come yesterday?*
Hva *ville* du si?	*What did you want to say?*
***Måtte* du vente lenge?**	*Did you have to wait for a long time?*

Sometimes, the simple past of modal verbs is used as a conditional, or to ask something politely, as in the following examples:

Vi *kunne* spise ute i kveld.	*We could eat out tonight.*
***Burde* du ikke lese?**	*Shouldn't you study?*

Present perfect of modal verbs is made by adding the present form of the verb *to have* (**har**), and the ending **-t** to the infinitive without the **å**:

Jeg *har måttet* dra hjem tidligere.   *I had to go home sooner.*

Jeg *har* ikke *kunnet* komme tidligere.   *I couldn't come sooner.*

 ## Practice

 1   10.05 Listen to Dialogue 1 again, fill in the blanks and read it out loud.

Marit	Å, jeg _____ , det er så _____ !
Kristian	Ja, du har rett, men jeg liker når det er _____ og det _____ .
Marit	Ja da, jeg liker også _____ og det er koselig å være hjemme om _____ , men jeg liker ikke at _____ .
Kristian	Hva gjør du vanligvis om _____ ?
Marit	_____ vinteren går jeg på ski, men jeg liker best å gå på _____ . Og så drar jeg på _____ , selvfølgelig! Hva med deg?
Kristian	Jeg går mye på ski, men jeg går også tur i skogen når det er _____ . Hvilken _____ liker du best?
Marit	Jeg liker _____ best, været blir pent og det er _____ overalt. Hva med deg?
Kristian	Jeg liker _____ veldig godt.
Marit	Hva gjør du vanligvis _____ ?
Kristian	Jeg _____ ofte til Syden og nyter _____ på stranden.
Marit	Å, det er nydelig! Jeg reiser også, men liker best å reise til _____ steder om _____ .
Kristian	Jeg skjønner. Det er også _____ .
Marit	Ja, det er fint å ta _____ fra is og snø.

2 **Åse is studying abroad for one year and she writes an email to her younger brother in Norway, telling him what she has been doing. Read her email and answer the questions.**

From:
Date:
To:
Subject:

Hei lillebror,

Hvordan har du det? Jeg har det fint og trives veldig godt her, og jeg må absolutt fortelle deg hva jeg har gjort i det siste!

I går tok vi en klassetur til London, hvor vi så The British Museum og The National Gallery, men det jeg likte best var Madame Tussauds! Jeg har aldri sett noe liknende, du må komme og se det! Om kvelden var vi veldig trøtte, så det var flott at vi dro tilbake til Oxford med en privatbuss.

I de siste ukene har jeg også spilt mange forskjellige typer sport, vi spiller basketball hver mandag, og hver onsdag spiller vi volleyball, jeg har prøvd å spille cricket, men jeg er ikke flink. Vi har også prøvd å spille tennis, men jeg liker det ikke. På lørdag gikk jeg og min venninne Carol på svømmehallen og svømte i to timer, det er fortsatt min favorittsport!

Nå må jeg gå, for vi skal på teater for å se *A Midsummer Night's Dream*. Jeg gleder meg masse!

Klemmer

Åse

---

a Where is Åse studying?
b What did she do yesterday?
c What was her favourite activity?
d Which sports did she practise in the last few weeks?
e Which one is her favourite?

3 How does Åse say the following?
   a I like it here
   b similar
   c tired
   d little brother
   e swimming pool
   f favourite
   g hugs
   h still
   i a lot

Test yourself

1 Write a short text in which you tell someone what you have been doing lately.

_____

_____

_____

_____

2 Rearrange the words into sentences; do not forget to place the capital letter on the first word.

 a er dag kaldt det veldig i .

 b har hun dratt nettopp .

 c ferie i har måned vært han på en .

 d år tre bodde i Norge hun siden for .

 e kom hjem du når , ute jeg var .

3 Write a short text in which you talk about your favourite sports and activities you do at different times of the year.

_____

_____

_____

_____

SELF CHECK	
I CAN ...	
○	... describe the weather.
○	... talk about hobbies and sports.
○	... use time expressions.
○	... compare qualities of objects, possessions and people.

7 **Vi skal ut og spise** *We're going out to eat*

1 **Match the Norwegian with the English.**

a	**klima**	1	milk
b	**bær**	2	vegetables
c	**frukt**	3	soft serve
d	**pannekake**	4	fishball
e	**skalldyr**	5	butter
f	**fisk**	6	pancake
g	**kosthold**	7	fruit
h	**grønnsaker**	8	fish
i	**fiskebolle**	9	climate
j	**kjøtt**	10	berries
k	**melk**	11	crustaceans
l	**softis**	12	meat
m	**smør**	13	diet

2 **Translate the following sentences into English.**
   a Jeg synes det.
   b Vil du ha noe å drikke?
   c Er du klar til å bestille?
   d Hva vil du drikke?
   e Vil du ha noe annet?
   f Dette barnet heter Hans.
   g Smak til med salt og pepper.

3 **Translate the following sentences into Norwegian.**
   a Does it taste good?
   b What would you like?
   c Do you want anything else?
   d Would you like something to drink?

- **e** Do you want to order?
- **f** Cut the meat in cubes.
- **g** Add potatoes.
- **h** Serve with wholemeal bread.

4 Fill in the blanks with the verb in the imperative form.

- **a** _____ hit! (komme)
- **b** _____ engelsk! (snakke)
- **c** _____ på norsk! (skrive)
- **d** _____ smør. (tilsette)
- **e** _____ hjem! (gå)
- **f** _____ meg være i fred! (la)
- **g** _____ mamma nå! (ringe)
- **h** _____ kaka! (spise)

5 Complete the following crossword.

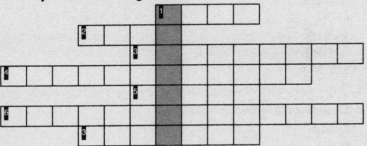

Across:

What is the Norwegian for the following?

- **1** bread
- **2** butter
- **3** carrots
- **4** hazelnuts
- **5** tomato
- **6** blueberry jam
- **7** garlic

Down:

Have you found the mystery word? What is it? _____

8 På ferie i Norge *On holiday in Norway*

1 Translate the following sentences into English.

   a Hvor ligger museet?

   b Hvor ligger sykehuset?

   c Jeg har vondt i magen.

   d Jeg har vondt i halsen.

   e Gå rett fram.

   f Jeg vil gjerne se julehuset!

   g Jeg synes det passer bra.

   h Hvor vil dere bo?

   i Jeg fryser.

2 Translate the following sentences into Norwegian.

   a Where is the souvenir shop?

   b How much do the tickets cost?

   c How long are you staying?

   d Where can we eat?

   e Please, can you help me?

   f I am ill.

3 Write a postcard in which you describe your trip to Norway.

4 Complete the following crossword.

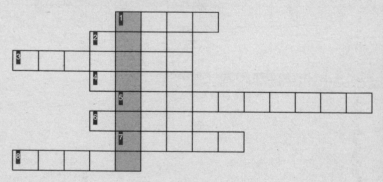

Across:

What is the Norwegian for the following?

1 throat
2 head
3 shoulder
4 nose
5 index (finger)
6 cheek
7 nape
8 elbow

Down:

Have you found the mystery word? What is it? _____

9 Snakk om fortiden *Talk about the past*

1 Match the Norwegian with the English.

a	Jeg er hyggelig.	1	I am proud.
b	Jeg har lyst hår.	2	I am nice.
c	Jeg har blondt hår.	3	I am strong.
d	Jeg er stolt.	4	I have light hair.
e	Jeg er sterk.	5	I have red hair.
f	Jeg har rødt hår.	6	I have blue eyes.
g	Jeg har blå øyne.	7	I have dark hair.
h	Jeg har mørk hår.	8	I am naughty / bad.
i	Jeg er slem.	9	I have blond hair.

2 Translate the following sentences into English.

a Hun var veldig stolt av bunaden sin.
b Hva gjorde du etter toget?
c Synd at vi ikke så hverandre.
d Det var fullt av folk.
e Han glemte nøklene hjemme i morges.
f Jeg lagde ei kake til hennes bursdag.

3 Translate the following sentences into Norwegian.

a I drank tea yesterday.
b Were you at home yesterday?
c I talked to Pål three days ago.
d He waited for her at the coffee shop.
e She had many friends.

f He did not reach the airport on time.

g She hasn't done what I said.

h He has been waiting for her for one hour.

i I made a cake.

j I never believed him.

4 Fill in the blanks with the verb in the right tense.

a Jeg _____ aldri _____ på ham. (å tro)

b Jeg _____ ikke. (å forstå)

c Jeg _____ i hele dagen. (å lese)

d Hun _____ ikke det jeg sa. (å gjøre)

e Hun _____ mange venner. (å ha)

f _____ du hjemme i går? (å være)

g Hun _____ ham etter bruddet. (å hate)

h Jeg _____ ei kake. (å lage)

i Jeg _____ hele dagen i går. (å lese)

j Hun _____ fotball i to timer. (å spille)

k Han _____ alltid på musikk. (å høre)

l Jeg _____ ikke på ham. (å tro)

m Jeg _____ nettopp _____ te. (å drikke)

n Hun _____ mange venner. (å ha)

o Han _____ på henne i en time. (å vente)

5 Complete the following crossword.

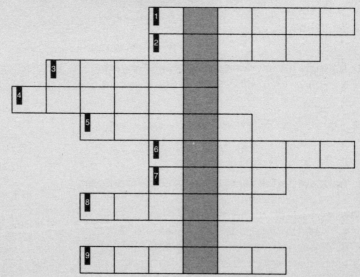

Across:

What is the simple past of the following verbs?

1 eat
2 drink
3 make
4 work
5 hate
6 believe
7 go
8 read
9 forget

Down:

Have you completed the mystery word? What is it? _____

10 Hva gjør du når du har fri? *What do you do in your free time?*

1 **Match the Norwegian with the English.**

a	hovedstad	1	lake
b	grense	2	lynx
c	elv	3	wolf
d	innsjø	4	whale
e	reinsdyr	5	capital
f	gaupe	6	mountain
g	ulv	7	river
h	hval	8	forest
i	fjell	9	border
j	skog	10	reindeer

2 **Translate the following sentences into English.**

a Det er varmt.
b Været er fint.
c Det er dårlig vær.
d Det tordner og lyner.
e Det snør.
f Det hagler.
g Det er 15 kuldegrader.

3 Translate the following sentences into Norwegian.

   a The sun is shining.
   b It's cold.
   c It's foggy.
   d It's raining.
   e It's windy.
   f There's ice.
   g I'm cold.
   h I'm warm.
   i I'm sweating.

4 Fill in the blanks with the right word. Look at the words in brackets for help.

   a Jeg bare ønsker vi hadde _____ fritid. (*more*)
   b Nå leser jeg _____ eventyr fra _____ land. (*many, different*)
   c Det er _____ . (*very interesting*)
   d I dag er det _____ enn i går. (*colder*)
   e Du er _____ enn meg. (*younger*)
   f Denne kjolen er _____ . (*most expensive*)
   g Du er _____ . (*most beautiful*)
   h Å ta trikken er _____ . (*more practical*)
   i Det går _____ . (*better*)
   j Det er _____ folk. (*more*)
   k Hanne kjøpte det _____ huset. (*most expensive*)
   l Han er den _____ jeg kjenner. (*kindest*)
   m Guro har den _____ kjolen. (*prettiest*)

5 Complete the following crossword.

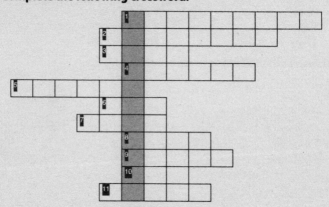

Across:

What is the Norwegian for the following?

1 exciting
2 boring
3 cold
4 untidy
5 funny
6 pretty
7 warm
8 original
9 Norwegian
10 expensive
11 fresh

Down:

Have you found the mystery word? What is it? _____

Answer key

UNIT 1

Discovery question: Thank you for the meal

Vocabulary builder

God dag!	*Good day! / Good morning!*
God morgen!	*Good morning!*
God kveld! / God aften!	*Good evening!*
Vi ses! / Vi sees!	*See you!*
God natt!	*Good night!*

Dialogue 1
1 At the university
2 No
3 a. 2/4; **b.** 3; **c.** 4/2; **d.** 1
4 He comes from Tromsø
5 She comes from Lillehammer
6 a. 2; **b.** 1; **c.** 1; **d.** 2
7 a. heter; **b.** kommer
8 a. du; **b.** hun

Language discovery 1
1 a. 6; **b.** 1; **c.** 5; **d.** 2; **e.** 3; **f.** 7; **g.** 4
2 a. meg; **b.** henne
3 Hun heter Maja, hun er norsk, hun bor i Norge og hun jobber i Oslo. Hun har en hund og en katt. Hun går ut, treffer venner og snakker med dem. Hun liker Norge.

Dialogue 2
1 No
2 London
3 a. They are friends; **b.** She is waiting for the tram; **c.** She is a teacher; **d.** She lives in Oslo; **e.** He tells her that she speaks good Norwegian
4 a. 2; **b.** 1; **c.** 4; **d.** 3

5 a. Jeg er ferdig på jobb og venter på trikken.; **b.** Jeg kommer fra London, men jeg bor i Oslo.; **c.** Trikken kommer
6 a. 1; **b.** 3; **c.** 2
7 very, really
8 good (at something)

Language discovery 2
2 a. 7; **b.** 2; **c.** 4; **d.** 5; **e.** 1; **f.** 3; **g.** 6

Practice
1

Maja	Abby? So nice to see you again! What are you doing here?
Abby	Hi! Long time no see! I have finished working and I'm waiting for the tram.
Maja	Erlend, this is my friend Abby Becker, she's a teacher.
Erlend	Nice meeting you Abby.
Abby	Likewise.
Erlend	Where are you from?
Abby	I'm from London, but I live in Oslo.
Erlend	Your Norwegian is very good!
Abby	Thanks! The tram is coming, see you soon. Bye!

2 a. They are friends; **b.** He is an old friend; **c.** He is a biologist at the University of Oslo; **d.** Ella is from Trondheim; **e.** She is an actress; **f.** She works at the University of Oslo, she is a chemist and she does research
3 også

Test yourself
1 a. Hun snakker med ham.; **b.** Hvordan har du det?; **c.** Kommer du fra Frankrike?; **d.** Jeg er biolog og bor i Norge. / Jeg bor i Norge og er biolog.; **e.** Hva heter dere?
2 a. Hyggelig å treffe / møte deg; **b.** Takk for sist; **c.** Ha det (bra); **d.** God morgen
3 a. Hvordan har du det?; **b.** Hva heter du?; **c.** Hvor kommer du fra?; **d.** Hvordan går det?
4 a. 3; **b.** 4; **c.** 5; **d.** 2; **e.** 6; **f.** 1

UNIT 2
Disovery question: -isk and -sk

Vocabulary builder
Languages

svensk	*Swedish*
spansk	*Spanish*
skotsk	*Scottish*
samisk	*Sami*
russisk	*Russian*
portugisisk	*Portuguese*
polsk	*Polish*
norsk	*Norwegian*
nederlandsk	*Dutch*
italiensk	*Italian*
islandsk	*Icelandic*
irsk	*Irish*
hindi	*Hindi*
fransk	*French*
finsk	*Finnish*
færøysk	*Faroese*
engelsk	*English*
dansk	*Danish*
arabisk	*Arabic*

Nationalities

amerikaner	*American*
danske	*Dane*
engelskmann	*Englishman*
finne	*Finn*
franskmann	*Frenchman / Frenchwoman*
inder	*Indian*
ire	*Irishman / Irishwoman*
islending	*Icelander*
italiener	*Italian*
nederlender	*Dutchman / Dutchwoman*
nordmann	*Norwegian*
polakk	*Pole*
portugiser	*Portuguese*

russer	*Russian*
skotte	*Scot*
spanjol	*Spaniard*
sveitser	*Swiss*
svenske	*Swede*
østerriker	*Austrian*

New expressions
1 hvilken / hvilket / hvilke
2a. 1; **b.** 2; **c.** 1; **d.** 3

Dialogue 1
1 Norwegian, French, English and German
2 Italian
3 a. Hindi; **b.** To find out if it is difficult; **c.** Portuguese
4 a. 2; **b.** 4; **c.** 1; **d.** 3
5 a. 2; **b.** 3; **c.** 2
6 a. 3; **b.** 2; **c.** 1

Language discovery 1
1 a. Guro snakker ikke kinesisk.; **b.** Kommer dere ikke fra USA?; **c.** Du har ikke lyst på kake.; **d.** Han kommer ikke fra Frankrike.; **e.** Hvorfor er du ikke trøtt?; **f.** Har du ikke lyst til å gå tur?
2 a. 3; **b.** 4; **c.** 6; **d.** 2; **e.** 1; **f.** 7; **g.** 5

Dialogue 2
1 She is not going to Norway
2 a. Isabel; **b.** David; **c.** Gordon; **d.** Ruth; **e.** Because she does not have time

Language discovery 2
1 ja and jo
2 nei
3 a. 1; **b.** 1; **c.** 1; **d.** 2
4 a. 1. Yes, I do.; **2.** No, I don't.
b. 1. Yes, I have.; **2.** No I haven't.
c. 1. Yes, she is.; **2.** No, she isn't.
5 a. 1. Jo, det gjør han.; **2.** Nei, det gjør han ikke.
b. 1. Jo, hun har det.; **2.** Nei, hun har ikke det.
c. 1. Jo, det er han.; **2.** Nei, det er han ikke.

Practice

2 a. He comes from Kristiansand; **b.** She comes from the USA; **c.** They live in Bergen; **d.** She is studying at university; **e.** She studies languages; **f.** They only speak English and Norwegian; **g.** She speaks English, Norwegian, French and Spanish

Test yourself

1 a. Hun snakker ikke spansk.; **b.** Har du ikke lyst på indisk?; **c.** Han lærer seg ikke tysk.; **d.** Jeg kommer ikke fra England.; **e.** Har dere ikke lyst til å lære dere fransk?; **f.** Snakker du ikke norsk?; **g.** Kommer du ikke fra Australia?

2 a. Jeg bor ikke i Oslo nå. / Nå bor jeg ikke i Oslo.; **b.** Bor du ikke i Bergen?; **c.** Hvorfor kommer du ikke?; **d.** Han kommer ikke fra USA.; **e.** Jeg har ikke to katter.

4. (The following are sample entries) **a.** Jeg heter…; **b.** Jeg kommer fra…; **c.** Jeg bor i…; **d.** Jeg snakker…; **e.** Jeg lærer meg norsk.; **f.** Jeg har lyst til å…

UNIT 3

Discovery questions: førtifem, sekstisju, åttito

Vocabulary builder

1 before tens or units

2 a. femtiseks; **b.** åttini; **c.** nittisju; **d.** syttifire; **e.** tjuefem; **f.** trettitre; **g.** hundre og ti; **h.** fem hundre og sekstitre; **i.** seks tusen åtte hundre og nittisju; **j.** titusentrehundre og førtifem; **k.** førtitusenfemhundre og sekstisju; **l.** trehundrefemtisjutusenfemhundre

Dialogue 1

1 That they go to a café to have a cup of coffee and talk some more

2 a. She lived in Tøyen; **b.** She lives in Frogner; **c.** He lives in Vinderen; **d.** She is a teacher at university; **e.** He works in a bank

3 a. 2; **b.** 4; **c.** 1; **d.** 3

4 a. 2; **b.** 1; **c.** 3

Language discovery 1

1 a. i; **b.** fra; **c.** i; **d.** i; **e.** i; **f.** fra; **g.** på / i; **h.** i; **i.** på; **j.** på; **k.** på

Dialogue 2

1 Because he reads a lot

2 To the travel section

3 a. He is interested in many things; **b.** He likes to travel; **c.** They are on the second floor, next to the dictionaries
4 a. 3; **b.** 4; **c.** 5; **d.** 1; **e.** 2
5 a. 1; **b.** 2; **c.** 2; **d.** 4; **e.** 1; **f.** 3

Language discovery 2

1 a. bilen; **b.** dagen; **c.** gutten; **d.** katten; **e.** vennen; **f.** pizzaen; **g.** læreren; **h.** mannen
2 a. biler; **b.** dager; **c.** gutter; **d.** katter; **e.** venner; **f.** pizzaer; **g.** lærere; **h.** menn; **i.** they become lærere and menn, instead of taking the final -er
3 a. bilene; **b.** dagene; **c.** guttene; **d.** kattene; **e.** vennene; **f.** pizzaene; **g.** lærerne; **h.** mennene; **i.** they make the final -ene form from the indefinite plural form
4 a. dama; **b.** jenta; **c.** kaka; **d.** lampa; **e.** skiva; **f.** venninna; **g.** boka; **h.** natta
5 a. damer; **b.** jenter; **c.** kaker; **d.** lamper; **e.** skiver; **f.** venninner; **g.** bøker; **h.** netter; **i.** as well as taking the -er ending, books and nights also change the vowel in the base word
6 a. damene; **b.** jentene; **c.** kakene; **d.** lampene; **e.** skivene; **f.** venninnene; **g.** bøkene; **h.** nettene; **i.** as well as taking the -ene ending, they also change the vowel in the base word
7 a. eplet; **b.** hotellet; **c.** vinduet; **d.** bordet; **e.** brødet; **f.** hjemmet; **g.** huset; **h.** kurset; **i.** rommet; **j.** skapet; **k.** they double the final consonant in the base form
8 a. epler; **b.** hoteller; **c.** vinduer; **d.** bord; **e.** brød; **f.** hjem; **g.** hus; **h.** kurs; **i.** rom; **j.** skap; **k.** the majority don't change
9 a. eplene; **b.** hotellene; **c.** vinduene; **d.** bordene; **e.** brødene; **f.** hjemmene; **g.** husene; **h.** kursene; **i.** rommene; **j.** skapene; **k.** they double the final consonant in the base form
10 a. 1; **b.** 2; **c.** 2; **d.** 3
11 a. 4; **b.** 3; **c.** 2; **d.** 1

Practice

1 a. She has a total of eight pets (3 dogs, 2 cats, 1 horse, 2 parrots); **b.** Three; **c.** Two; **d.** Two; **e.** One; **f.** A turtle
2 a. 2; **b.** 3; **c.** 1

Test yourself

1 a. De spiser mye brød.; **b.** Han er 34 år gammel.; **c.** Jeg har det travelt.; **d.** Bøkene står i bokhylla.; **e.** Hvor gammel er du?; **f.** Hun drikker mye kaffe.; **g.** Flaska står på bordet.

2 a. Jeg snakker sju språk.; **b.** Jeg har det travelt.; **c.** Det er lenge siden sist.; **d.** Katten står på skapet.; **e.** Kan du komme til meg?; **f.** Kan jeg hjelpe deg?; **g.** Liker han krim?

3

Entall – Singular		Flertall – Plural		English
Ubestemt – indeterminate	Bestemt – determinate	Ubestemt – indeterminate	Bestemt – determinate	translation
en barnehage	barnehagen	barnehager	barnehagene	kindergarten
ei bokhylle	bokhylla	bokhyller	bokhyllene	bookshelf
ei brødskive	brødskiva	brødskiver	brødskivene	slice of bread
et kjøleskap	kjøleskapet	kjøleskap	kjøleskapene	fridge
et nattbord	nattbordet	nattbord	nattbordene	bedside table
et pauserom	pauserommet	pauserom	pauserommene	pause room
et skrivebord	skrivebordet	skrivebord	skrivebordene	desk
et spedbarn	spedbarnet	spedbarn	spedbarna	infant
et spisebord	spisebordet	spisebord	spisebordene	dining table
et spørsmål	spørsmålet	spørsmål	spørsmålene	question
et spørsmålstegn	spørsmålstegnet	spørsmålstegn	spørsmålstegnene	question mark

REVIEW 1

1 Hei! Hyggelig å treffe deg! *Hi! Nice meeting you!*

1 a. 3; **b.** 1; **c.** 4; **d.** 6; **e.** 5; **f.** 2

2 a. Does she have a girlfriend?; **b.** Who are you?; **c.** When are you coming?; **d.** What is she doing here?; **e.** What are you studying?; **f.** Where do you study?

3 a. Hun heter Maja.; **b.** Jeg bor i Bergen, men jeg kommer fra Stavanger.; **c.** Hva heter du?; **d.** Abby og Maja er venninner.; **e.** Sven er student.; **f.** Nora er lege.

4 a. 2; **b.** 4; **c.** 5; **d.** 6; **e.** 3; **f.** 1

5

Across: 1. hei; **2.** hva; **3.** hvordan; **4.** komme; **5.** takk; **6.** jobbe; **7.** fra; **8.** snakke

Down: 1. ha; **2.** det; **3.** bra

Hidden sentence: Ha det bra, which means take care.

2 Hvilket språk snakker du nå? *What language are you speaking now?*

1 a. jeg; **b.** jeg; **c.** han; **d.** han; **e.** vi; **f.** dere; **g.** vi; **h.** vi; **i.** dere; **j.** vi

2 a. What languages do you speak?; **b.** What language are you speaking?;

c. Don't you come from London?; **d.** I would like to learn Hindi.; **e.** Yes, he lives in Stavanger.; **f.** No, he doesn't.; **g.** She studies languages.
3 a. Er du ikke norsk?; **b.** Bor du i Oslo?; **c.** Jeg bor ikke i Bergen nå. / Nå bor jeg ikke i Bergen.; **d.** Jeg har lyst til å se på film.; **e.** Jeg har lyst på sjokolade.; **f.** Jeg snakker engelsk, norsk, italiensk, fransk, tysk, svensk og dansk.
4 a. Jeg heter…; **b.** Jeg bor i…; **c.** Jeg kommer fra…; **d.** Jeg snakker…; **e.** Jeg lærer meg norsk.; **f.** Ja, det har jeg. / Nei, det har jeg ikke.; **g.** Ja, det har jeg. / Nei, det har jeg ikke.; **h.** Jo, det har jeg! / Nei, det har jeg ikke.

5
Across: 1. svensk; **2.** norsk; **3.** russisk; **4.** engelsk; **5.** italiensk
Down: (mystery word): Norge

3 Hvor mange bøker har du? *How many books do you have?*
1 a. på; **b.** på; **c.** i; **d.** i; **e.** til; **f.** til; **g.** fra; **h.** ved; **i.** om
2 a. to, en; **b.** fem; **c.** femtiåtte; **d.** sju; **e.** seks
3 a. Hvor mange språk snakker du?; **b.** Hvor mye te drikker du?; **c.** Jeg drikker mye te.; **d.** Hvor mange barn har du?; **e.** Jeg er 20 (år gammel).; **f.** (Det er) lenge siden sist.
4 a. et eple; **b.** mannen; **c.** Kaka; **d.** venninne; **e.** Huset, byen; **f.** brød. **g.** katten, bordet

5
Across: 1. barn; **2.** bokhylle; **3.** gutt; **4.** dag; **5.** skrivebord; **6.** kvinne; **7.** katt; **8.** brødskive; **9.** spørsmålstegn; **10.** hund
Down: (mystery word) ryggsekken

UNIT 4
Discovery question: Great-great-grandparents, great-great-grandmother and great-great-grandfather

Dialogue 1
1 That there are three Norwegian words that mean cousin
2 a. They are sweethearts; **b.** They come from Tromsø; **c.** They are siblings; **d.** Tove is Johan's fiancée; **e.** They are cousins
3 a. 5; **b.** 3; **c.** 4; **d.** 6; **e.** 2; **f.** 1
4 a. 2; **b.** 1; **c.** 3; **d.** 3; **e.** 4; **f.** 3; **g.** 1

Language discovery 1

1 a. broren; **b.** faren; **c.** fetteren; **d.** forelderen; **e.** nevøen; **f.** onkelen; **g.** svogeren; **h.** sønnen

2 a. brødre; **b.** fedre; **c.** fettere; **d.** foreldre; **e.** nevøer; **f.** onkler; **g.** svogere; **h.** sønner

3 a. brødrene; **b.** fedrene; **c.** fetterne; **d.** foreldrene; **e.** nevøene; **f.** onklene; **g.** svogerne; **h.** sønnene

4 a. dattera; **b.** kona; **c.** kusina; **d.** mora; **e.** niesa; **f.** svigerinna; **g.** søstera; **h.** tanta

5 a. døtre; **b.** koner; **c.** kusiner; **d.** mødre; **e.** nieser; **f.** svigerinner; **g.** søstre; **h.** tanter; **i.** they also change the vowel in the base form

6 a. døtrene; **b.** konene; **c.** kusinene; **d.** mødrene; **e.** niesene; **f.** svigerinnene; **g.** søstrene; **h.** tantene; **i.** they also change the vowel in the base form

7 a. barnet; **b.** barnebarnet; **c.** søskenet; **d.** søskenbarnet

8 a. barn; **b.** barnebarn; **c.** søsken; **d.** søskenbarn

9 a. barna; **b.** barnebarna; **c.** søsknene; **d.** søskenbarna; **e.** it exchanges -en- with -ne- in the centre of the word

10 a. Jentene leker.; **b.** Barna sover.; **c.** Hun har et barn.; **d.** Mora synger.; **e.** Fedrene snakker.; **f.** Dette er min bestemor.; **g.** Jeg har en onkel og ei tante.

11 a. bror; **b.** hus; **c.** sønn; **d.** dattera; **e.** hunden

12 a. 5; **b.** 4; **c.** 2; **d.** 6; **e.** 1; **f.** 3

13 a. hit; **b.** der; **c.** her; **d.** dit: **e.** hit; **f.** der; **g.** her; **h.** dit

Dialogue 2

1 Two

2 a. Seven; **b.** One; **c.** Six; **d.** Five; **e.** Five; **f.** One

3 a. 2; **b.** 5; **c.** 7; **d.** 4; **e.** 6; **f.** 1; **g.** 3

4 a. 2; **b.** 3; **c.** 4; **d.** 1

5 a. 27; **b.** Sin, sitt, sine, min, mitt, mine, din, ditt, dine, deres, vår, vårt, våre

Language discovery 2

1 a. My parents are coming; **b.** My sister's name is Astrid.; **c.** Siri is your sister-in-law.; **d.** My grandfather Arthur is coming with his wife.; **e.** My aunts and uncles also are coming with their children and grandchildren.; **f.** Aunt Gunhild and her husband, Aleksander, are coming with their three sons.; **g.** And then uncle Frode is coming with his wife Merete, and their four children.; **h.** Mum's sister is coming with her partner, aunt Bergljot.; **i.** Our family is rather big.; **j.** My mother has only one sister.; **k.** Aunt Siobhán and her partner Leroy are waiting for their first child now.; **l.** It's my responsibility, not yours!

2 a. 1, 4; **b.** 2, 4; **c.** 1, 4
3 a. 2; **b.** 5; **c.** 1; **d.** 6; **e.** 4; **f.** 3

Practice
1 a. Their families; **b.** Four; **c.** No, she has a twin sister; **d.** Yes, she does; **e.** They're coming to visit her in Norway; **f.** Yes, she is

Test yourself
1 a. Jeg har ei søster og to to brødre.; **b.** Hun er tanta mi. / Hun er min tante.; **c.** Min onkel har to barn.; **d.** Hennes bestefar er 98 år gammel. / Bestefaren hennes er 98 år gammel.; **e.** Hans kone heter Astrid. / Kona hans heter Astrid.; **f.** Kusina mi er 20 år gammel. / Min kusine er 20 år gammel.
2 a. Hvor gammel er hun?; **b.** Hva er forskjellen mellom kusine og fetter?; **c.** Min mor heter Laura.; **d.** Ola er broren til Gudrun og kommer fra Tromsø.
3 Personal answers beginning with: jeg har …

UNIT 5
Discovery questions: a. they are both plural adjectives; **b.** they are plural, because they end in -e

Vocabulary builder
Clothes
bluse (ei)	*blouse*
hatt (en)	*hat*
jakke (ei)	*jacket*
sokk (en)	*sock*
t-skjorte (ei)	*t-shirt*

Colours
blå	*blue*
grønn	*green*
grå	*grey*
rød	*red*

Dialogue 1
1 A beret
2 It costs 299 nok
3 a. Because they need to find a birthday present for Hanna.; **b.** Because she has a new pair.; **c.** They are down there
4 a. 2; **b.** 5; **c.** 3; **d.** 1; **e.** 4

5 a. 2; **b.** 3; **c.** 1
6 a. 2; **b.** 3; **c.** 1

Language discovery 1
1 a. Vi må kjøpe noe.; **b.** Jeg vil (gjerne) kjøpe noe for meg selv.; **c.** Jeg bør prøve det.; **d.** Skal vi kjøpe henne en genser?
2 a. 5; **b.** 1; **c.** 4; **d.** 6; **e.** 7; **f.** 2; **g.** 3

Dialogue 2
1 Going to a concert
2 Yes
3 a. If she wants to join them; **b.** Yes; **c.** That she has to work
4 a. 2; **b.** 3; **c.** 4; **d.** 1
5 a. 3; **b.** 1/4; **c.** 4/1; **d.** 3; **e.** 1; **f.** 2

Language discovery 2
1 a. 8; **b.** 12; **c.** 9; **d.** 2; **e.** 4; **f.** 6; **g.** 7; **h.** 11; **i.** 10; **j.** 1; **k.** 5; **l.** 3
2 a. fint; **b.** rødt; **c.** grønt
3 a. nytt; **b.** blått
4 a. 10; **b.** 6; **c.** 9; **d.** 5; **e.** 8; **f.** 4; **g.** 7; **h.** 1; **i.** 3; **j.** 2
5 a. 2; **b.** 1; **c.** 2; **d.** 1
6 a. 1; **b.** 2; **c.** 1; **d.** 2; **e.** 1; **f.** 2; **g.** 1; **h.** 2; **i.** 2

Practice
1 a. Jeg har på meg…; **b.** Jeg er veldig glad i å bruke skjørt; **c.** Jeg liker…; **d.** Jeg hater…; **e.** lyse and mørke
2 a. A t-shirt, a sweater, a skirt, tights, shoes, a jacket, gloves and a scarf; **b.** light blue, dark green, green, black, red, and lilac; **c.** she likes both light and dark colours, but says that sometimes dark colours can be boring; **d.** she hates wearing high heel shoes; **e.** she likes them
3 a. ung; **b.** gammel, smart / flink, flink / smart; **c.** stor, liten; **d.** hvit, stort; **e.** pen / solrik, solrik / pen, koselig; **f.** hyggelige, snill / morsom, morsom / snill; **g.** fantastisk

Test yourself
1 a. Ei dyr jakke.; **b.** Et blått skjerf.; **c.** Den smarte jenta.; **d.** grønne hansker/votter; **e.** en billig genser.; **f.** Den snille gutten.
2 a. bør / må; **b.** skal / vil / må; **c.** skal; **d.** kan / vil; **e.** vil / kan / skal
4 a. I dag har jeg på meg en lyseblå t-skjorte.; **b.** Så har jeg på meg ei rød jakke.; **c.** Nå bor jeg i Oslo.; **d.** Nå bor Hans ikke i Stavanger.

UNIT 6
Discovery question: a. 16.10 / 04.10; **b.** We're meeting at 14.30

Vocabulary builder

å drikke	*to drink*
å fly	*to fly*
å komme	*to come*
å ligge	*to lie (down)*
å sitte	*to sit*
å ta	*to take*

Dialogue 1
1 She gets up at 06.45, he gets up at 07.30
2 He walks; she walks, then takes the tube and the bus.
3 a. At 9; **b.** He likes to sleep until late; **c.** Because she has to buy a new car; **d.** She goes home, changes clothes, and buys groceries. She goes to the German course once a week and sometimes she meets her friends and goes to bed early; **e.** He takes a walk in the woods, then he goes home and makes dinner. Sometimes he invites some friends to dinner. After dinner he watches TV, or listens to music while he reads a book. He doesn't like going to bed early.
4 a. 2; **b.** 5; **c.** 4; **d.** 1; **e.** 3
5 a. 3; **b.** 1; **c.** 3; **d.** 3; **e.** 4; **f.** 4; **g.** 1; **h.** 2
6 a. 2; **b.** 4; **c.** 3; **d.** 1

Language discovery 1
1 a. Først, så / etterpå; **b.** Først, etterpå / så; **c.** etter; **d.** Etterpå; **e.** Etter, så, Etterpå
2 a. seg; **b.** seg; **c.** meg; **d.** dere; **e.** seg; **f.** deg; **g.** dere; **h.** meg; **i.** seg; **j.** deg

Dialogue 2
1 At 12:15
2 Because Astrid is done later (at 12)
3 a. In front of the library; **b.** He will take the tram; **c.** At 12; **d.** At 12.15
4 a. 5; **b.** 7; **c.** 6; **d.** 8; **e.** 3; **f.** 1; **g.** 4; **h.** 2
5 a. 3; **b.** 4; **c.** 1; **d.** 3; **e.** 1; **f.** 3

Language discovery 2
1 a. sitter, ser; **b.** ligger, leser; **c.** står, snakker; **d.** sitter, venter; **e.** går, ser; **f.** ligger, sover; **g.** står, snakker

2 a. hjemme; **b.** hjem; **c.** inne; **d.** inn; **e.** ute; **f.** ut; **g.** nede; **h.** ned; **i.** oppe; **j.** opp

Practice
1 a. Hver dag; **b.** aldri; **c.** ofte; **d.** alltid; **e.** noen ganger
2 a. 1; **b.** 3; **c.** 1; **d.** 3
4 a. Jeg legger meg tidlig.; **b.** Barnet ønsker seg en hund.; **c.** De har ikke bestemt seg.; **d.** Magnus står og venter på bussen.; **e.** Barnet ligger og sover.

Test yourself
1 a. Først spiser jeg frokost, så går jeg på jobb.; **b.** Jeg tar bussen til jobb.; **c.** Etter jobb, går jeg på tyskkurs.; **d.** Vi sees. / Vi ses.; **e.** Først handler jeg mat, så går jeg hjem og leser ei bok.; **f.** Jeg står her og venter på deg.
2 a. sitter / står; **b.** står / sitter; **c.** drar; **d.** står / sitter; **e.** går
4 a. Jeg vekker deg.; **b.** Jeg bor langt fra min jobb.; **c.** Jeg liker å sove lenge om morgenen.; **d.** Etter jobb tar jeg en tur i skogen.; **e.** Først dusjer jeg, så spiser jeg frokost. / Først spiser jeg frokost, så dusker jeg.; **f.** Jeg trenger å konsentrere meg.

REVIEW 2
4 Dette er familien min *This is my family*
1 a. 14; **b.** 7; **c.** 10; **d.** 9; **e.** 13; **f.** 3; **g.** 5; **h.** 6; **i.** 11; **j.** 12; **k.** 4; **l.** 8; **m.** 1; **n.** 2
2 a. What does it mean?; **b.** How do you say 'fiancé' in Norwegian?; **c.** It's very difficult to remember everything.; **d.** Mum's sister is Sigrid.; **e.** It's going to be cosy.
3 a. Søstera mi heter Astrid.; **b.** Broren hans heter Ciarán.; **c.** Søstera hans heter Siobhán.; **d.** Nå forstår jeg!; **e.** Hva heter Toves forlovede?; **f.** Hva mener du?
4 a. min; **b.** hans; **c.** hennes; **d.** sitt; **e.** deres; **f.** sin; **g.** sin; **h.** di

5
Across: 1. barnebarn; **2.** svigerfar; **3.** sønn; **4.** datter; **5.** onkel; **6.** mødre; **7.** tippoldefar; **8.** søster
Down: (mystery word) bestemor

5 Vi skal handle! *We're going shopping!*
1 a. 3; **b.** 10; **c.** 8; **d.** 7; **e.** 1; **f.** 9; **g.** 5; **h.** 2; **i.** 4; **j.** 6
2 a. I would like to buy a new sweater.; **b.** Guro cannot come today.; **c.** You should study Norwegian.; **d.** He's going to Rome next summer.; **e.** Are you

going to buy this book?; **f.** Do you want to meet him?; **g.** Can Frode help you?; **h.** I have to go now.; **i.** I should go now.

3 a. Hun har på seg blå sko.; **b.** Jeg bor i et lite hus.; **c.** Han har tre små barn.; **d.** Du har en rød bil.; **e.** Vennene mine er morsomme.; **f.** Dette er et koselig rom.

4 a. 6; **b.** 9; **c.** 10; **d.** 11; **e.** 12; **f.** 15; **g.** 5; **h.** 14; **i.** 7; **j.** 13; **k.** 2; **l.** 8; **m.** 1; **n.** 4; **o.** 3

5

Across: 1. bukse; **2.** skjorte; **3.** strømpebukse; **4.** slips; **5.** undertøy; **6.** badedrakt; **7.** genser; **8.** votter; **9.** miniskjørt; **10.** sokk
Down: (mystery word) bobledress

6 Hva gjør du hver dag? *What do you do every day?*
1 a. Klokka er / Den er kvart over tolv; **b.** Klokka er / Den er kvart på seks; **c.** Klokka er / Den er halv tolv; **d.** Klokka er / Den er ti over ti; **e.** Klokka er / Den er fem over åtte; **f.** Klokka er / Den er ti på halv fem; **g.** Klokka er / Den er fem på halv fire; **h.** Klokka er / Den er ti over halv sju; **i.** Klokka er / Den er fem over halv tre

2 a. I go to bed early.; **b.** I'm late.; **c.** I like to sleep until late.; **d.** How long does it take?; **e.** What do you do in the morning?; **f.** Almost one hour.; **g.** I have to buy a new car.; **h.** After work I take a walk in the woods.; **i.** We can meet in front of the library.; **j.** When will you be done?

3 a. Jeg står opp.; **b.** Hvor lang tid tar det?; **c.** Før frokost tar jeg en dusj.; **d.** Jeg våkner opp.; **e.** Jeg har en hatt på meg.; **f.** Jeg liker å sove lenge.; **g.** Jeg har ei jakke på meg.; **h.** Først dusjer jeg, så spiser jeg frokost.

4 a. seg; **b.** meg; **c.** meg; **d.** deg; **e.** seg; **f.** seg; **g.** deg; **h.** seg; **i.** deg

5

Across: 1. bli; **2.** sitte; **3.** gå; **4.** gjøre; **5.** komme
Down: (mystery word) ligge

UNIT 7
Discovery question: moose burger

Vocabulary builder
FRUKT *Fruit*

banan	*banana*
eple	*apple*
aprikos	*apricot*

blåbær	*blueberry*
aubergine	*aubergine*
potet	*potato*
spinat	*spinach*
squash	*squash*
tomat	*tomato*

DRIKKE *Drinks*

juice	*juice*
melk	*milk*
vin	*wine*

Dialogue 1

1 No
2 Sesame seeds and nuts
3 a. She buys four round loaves; **b.** She buys a piece of carrot cake and a piece of apple pie; **c.** Two wheat buns, two raisin buns and a 'school bun'; **d.** She decides to eat a sandwich with salmon and eggs; **e.** She drinks some orange juice and a cup of coffee; **f.** She pays 259 nok
4 a. 5; **b.** 3; **c.** 4; **d.** 2; **e.** 6; **f.** 1
5 a. 4; **b.** 3; **c.** 1; **d.** 2

Language discovery 1

1 a. 6; **b.** 4; **c.** 5; **d.** 7; **e.** 8; **f.** 1; **g.** 2; **h.** 3; **i.** 9

Dialogue 2

1 No
2 No
3 a. Beef, carrots, rutabaga and root parsley; **b.** Pepper, butter, potatoes and broth; **c.** Yes; **d.** Matprat; **e.** Literally it means 'food talk'
4 a. 2; **b.** 4; **c.** 1; **d.** 3
5 a. 3; **b.** 1; **c.** 3; **d.** 2; **e.** 2; **f.** 3; **g.** 4
6 a. 3; **b.** 2; **c.** 4; **d.** 1
7 a. 1; **b.** 3; **c.** 2

Language discovery 2

1 a. 1; **b.** 1; **c.** 1; **d.** 2; **e.** 1; **f.** 2; **g.** 1; **h.** 1
2 a. å skjære; **b.** å ha; **c.** å vente; **d.** å brune; **e.** å helle; **f.** å tilsette; **g.** å la; **h.** å røre; **i.** å se; **j.** å smake; **k.** å servere
3 a. 3; **b.** 1; **c.** 2; **d.** 3; **e.** 3; **f.** 3; **g.** 2; **h.** 2

Practice

2 a. 18; **b.** 22; **c.** Indian or Mexican food; **d.** No
3 a. Jeg gleder meg til i kveld; **b.** meksikansk frister; **c.** Jeg tar meg en liten pause for å planlegge kvelden

Test yourself

2 a. Jeg vil gjerne bestille et bord på restaurant.; **b.** Rekker vi konserten klokka 22?; **c.** Jeg har litt lyst på indisk mat.; **d.** Hva synes du?; **e.** Spiser de med oss?; **f.** Jeg gleder meg til i kveld!
4 Jeg vil gjerne ha kjøttboller med ertestuing, poteter, brun saus, tyttebærsyltetøy og en øl.
5 Jeg vil gjerne ha en kanelbolle, et glass kald melk og en kopp kaffe.
6 Jeg er allergisk mot…

UNIT 8

Discovery question: hostel

Dialogue 1

1 No
2 Yes
3 a. To Bryggen; **b.** Near Bergenhus Festning; **c.** Julehuset (Christmas shop); **d.** The fish market; **e.** The following day, when it should be sunny
4 a. 3; **b.** 5; **c.** 4; **d.** 6; **e.** 2; **f.** 1
5 a. 3; **b.** 4; **c.** 1; **d.** 2; **e.** 4; **f.** 1

Language discovery 1

1 a. til venstre; **b.** til høyre; **c.** rett fram; **d.** blant; **e.** bak; **f.** foran; **g.** under; **h.** utenfor; **i.** over; **j.** ved siden av; **k.** i nærheten av; **l.** til venstre for; **m.** til høyre for; **n.** mellom

Dialogue 2

1 Presents for family and friends, something Norwegian to take home and postcards
2 To the travel agency
3 a. In the vicinity of the travel agency; **b.** The post office; **c.** 15; **d.** 1,494 nok total; **e.** A triple room; **f.** 2,190 nok, including breakfast; **g.** Three days
4 a. 7; **b.** 5; **c.** 1; **d.** 6; **e.** 3; **f.** 4; **g.** 2
5 a. 2; **b.** 3; **c.** 2; **d.** 3; **e.** 1; **f.** 1; **g.** 2; **h.** 3; **i.** 1

Practice

På reisebyrå …

Selgeren	Hei, hva kan jeg hjelpe dere med?
Maja	Hei, vi trenger å bestille togbilletter til Lillehammer.
Selgeren	Hvor mange trenger dere og når vil dere reise?
Maja	Vi er tre og vi vil gjerne reise tidlig i morgen.
Selgeren	Trenger dere tur-retur?
Maja	Ja, takk. Vi tenker å reise tilbake sent på søndag.
Selgeren	Det blir 1494 kroner til sammen. Toget går på fredag kl. 7 og dere kommer tilbake på søndag kl. 22.
Maja	Fantastisk! Kan du bestille overnatting også?
Selgeren	Selvfølgelig. Hvor vil dere bo? Skal jeg se etter et dobbeltrom og et enkeltrom?
Maja	Vi har ikke råd til noe kjempedyrt. Så et tremannsrom kan være fint.
Selgeren	Jeg ser på vandrerhjemmet først da… ja, de har et tremannsrom ledig til 2190 kroner inkludert frokost.
Maja	Fantastisk, vi tar det. Er wifi gratis?
Selgeren	Ja, det er det.
Maja	Supert! Kan jeg betale med kort?
Selgeren	Ja, det kan du.

2 a. Weak and cold; **b.** Everywhere; **c.** He thinks so
3 a. 5; **b.** 4; **c.** 2; **d.** 1; **e.** 6; **f.** 3

Test yourself

2 a. Herifra må dere gå langs veien mot nord.; **b.** Da tar dere til venstre.; **c.** Så tar dere veien til høyre.; **d.** Dere tar til venstre etter 200 meter.; **e.** Etter 100 meter tar dere til høyre.; **f.** Etter 15 meter går dere rett fram.
4 Jeg har bursdag den... / Bursdagen min er den... / Min bursdag er den… / Jeg ble født den…

UNIT 9

Discovery question: God påske

Vocabulary builder

å gjøre	*to do*
å glemme	*to forget*
å gå	*to walk/go*

å ha	*to have*
å hate	*to hate*
å høre	*to hear*
å jobbe	*to work*
å lage	*to make*
å leie	*to rent*
å lese	*to read*
å nå	*to reach*
å se	*to see*
å si	*to say*
å skjønne	*to understand*
å snakke	to speak
å spille	*to play*
å spise	*to eat*
å sy	*to sew*
å tro	*to believe*
å vente	*to wait*

Dialogue 1

1 She was wearing a bunad
2 Because her bunad was at her parent's house
3 a. With some friends; **b.** To Karl Johans gate; **c.** She ate ice cream with her niece; **d.** Soft serve; **e.** Hot dog; **f.** To the rollercoasters in Grønland
4 a. 5; **b.** 4; **c.** 6; **d.** 3; **e.** 2; **f.** 1
5 a. 4; **b.** 2; **c.** 1; **d.** 2; **e.** 2; **f.** 3; **g.** 4

Language discovery 1

1 a. snakket; **b.** hatet; **c.** ventet
2 a. leste; **b.** hørte; **c.** spilte; **d.** glemte
3 a. lagde; **b.** leide; **c.** bøyde
4 a. hadde; **b.** trodde; **c.** nådde; **d.** sydde

Dialogue 2

1 Germany
2 Australia and New Zealand
3 a. 8; **b.** Australia, New Zealand, Canada, USA, Austria, France, Italy and Spain; **c.** 2; **d.** Germany and Spain; **e.** That they will travel together to a place neither of them has visited before
4 a. 3; **b.** 5; **c.** 1; **d.** 2; **e.** 4
5 a. 2; **b.** 1; **c.** 3; **d.** 4; **e.** 3

Language discovery 2
1 a. snakket; **b.** jobbet; **c.** ventet
2 a. lest; **b.** hørt; **c.** spilt; **d.** glemt
3 a. lagd; **b.** leid; **c.** bøyd
4 a. sydd; **b.** trodd; **c.** nådd; **d.** hatt

Practice
1 a. 1,80 m; **b.** Blond; **c.** Red; **d.** Their baby; **e.** Light blue
2 a. 1,80 meter høy; **b.** blondt hår; **c.** rødt hår; **d.** blå øyne; **e.** Vi ser frem til å treffe deg.

Test yourself
2 a. Vi ser frem til å treffe deg.; **b.** Hurra for deg som fyller ditt år.; **c.** Hva gjorde du etter toget?; **d.** Ja, men det var fullt av folk.; **e.** Neste gang reiser jeg til Australia og New Zealand.; **f.** Jeg har vært i Spania.
4 a. drakk; **b.** forsto; **c.** gjorde, sa; **d.** Var
5 a. har drukket; **b.** har forstått; **c.** har gjort; **d.** har blitt; **e.** har vært

UNIT 10
Discovery question: a. whales; **b.** seals

Vocabulary builder

varmt	*warm*
kaldt	*cold*
regn	*rain*
sol	*sun*
vind	*wind*
å regne	*to rain*
å snø	*to snow*
å tordne	*to thunder*
å lyne	*to strike with lightning*
å svette	*to sweat*
å fryse	*to freeze*
å skinne	*to shine*

2 a. 4; **b.** 5; **c.** 2; **d.** 1; **e.** 3

Dialogue 1
1 Ice skating
2 Goes skiing and takes walks in the woods
3 a. Yes; **b.** Spring; **c.** He travels south; **d.** South

4 a. 2; **b.** 5; **c.** 1; **d.** 6; **e.** 3; **f.** 4
5 a. 2; **b.** 1; **c.** 4; **d.** 5; **e.** 3; **f.** 2; **g.** 1; **h.** 3; **i.** 4; **j.** 5
6 a. Det er koselig å være hjemme om vinteren. / Om vinteren er det koselig å være hjemme.; **b.** Jeg går på ski om vinteren. / Om vinteren går jeg på ski.; **c.** Jeg liker best å reise til varme steder om vinteren. / Om vinteren liker jeg best å reise il varme steder.; **d.** Jeg går lange turer i skogen om sommeren. / Om sommeren går jeg lange turer i skogen.; **e.** Været er pent og det er blomster overalt om våren / Om våren er været pent og det er blomster overalt.; **f.** Jeg reiser ofte til Syden og nyter sola på stranda om høsten. / Om høsten reiser jeg ofte til Syden og nyter sola på stranda.

Language discovery 1
1 a. 1; **b.** 5; **c.** 6; **d.** 2; **e.** 7; **f.** 4; **g.** 3; **h.** 8
2 a. 3; **b.** 2; **c.** 2; **d.** 2; **e.** 1; **f.** 3; **g.** 3; **h.** 2
3 a. Yesterday; **b.** A day; **c.** This morning; **d.** Last year; **e.** In October; **f.** Today; **g.** This summer; **h.** Tomorrow; **i.** In the summer; **j.** Next year; **k.** In the winter; **l.** This Christmas; **m.** This Easter; **n.** A season

Dialogue 2
1 Read, listen to music, take walks, play board games and computer games
2 Read, listen to music, take walks, play board games and computer games
3 a. Play games; **b.** Fairy tales from different lands; **c.** Because he is interested in Nordic literature and culture; **d.** That maybe she will read it too
4 a. 4; **b.** 3; **c.** 2; **d.** 5; **e.** 1
5 a. 2; **b.** 2; **c.** 2; **d.** 3; **e.** 4; **f.** 1; **g.** 4

Language discovery 2
1 a. kaldere; **b.** nyere
2 a. yngre; **b.** vakrere; **c.** morsommere; **d.** tyngre
3 a. billigst; **b.** dyrest; **c.** enklest; **d.** penest
4 a. yngst; **b.** vakrest; **c.** tyngst
5 a. mer; **b.** mest
6 a. bra; **b.** bedre; **c.** best; **d.** mange; **e.** flere; **f.** flest
7 a. 3; **b.** 2; **c.** 14; **d.** 5; **e.** 6; **f.** 4; **g.** 13; **h.** 7; **i.** 1; **j.** 9; **k.** 10; **l.** 11; **m.** 8; **n.** 12; **o.** 15

Practice

Marit	Å, jeg fryser, det er så kaldt!
Kristian	Ja, du har rett, men jeg liker når det er vinter og det snør.
Marit	Ja da, jeg liker også snøen og det er koselig å være hjemme om vinteren, men jeg liker ikke at det er mørkt.
Kristian	Hva gjør du vanligvis om vinteren?
Marit	Om vinteren går jeg på ski, men jeg liker best å gå på skøyter. Og så drar jeg på hyttetur, selvfølgelig! Hva med deg?
Kristian	Jeg går mye på ski, men jeg går også tur i skogen når det er snø. Hvilken årstid liker du best?
Marit	Jeg liker våren best, været blir pent og det er blomster overalt. Hva med deg?
Kristian	Jeg liker sommeren veldig godt.
Marit	Hva gjør du vanligvis om sommeren?
Kristian	Jeg reiser ofte til Syden og nyter sola/solen på stranda/stranden.
Marit	Å, det er nydelig! Jeg reiser også, men liker best å reise til varme steder om vinteren.
Kristian	Jeg skjønner. Det er også smart.
Marit	Ja, det er fint å ta en pause fra is og snø.

2 a. In Oxford; **b.** A class trip to London; **c.** Madame Tussaud's;
d. Basketball, volley, cricket, tennis, swimming; **e.** Swimming
3 a. Jeg trives veldig godt her; **b.** Liknende; **c.** trøtte; **d.** Lillebror;
e. Svømmehallen; **f.** Favoritt; **g.** Klemmer; **h.** Fortsatt; **i.** Masse

Test yourself
2 a. I dag er det veldig kaldt.; **b.** Hun har nettopp dratt.; **c.** Han har vært på ferie i en måned.; **d.** Hun bodde i Norge for tre år siden.; **e.** Når du kom hjem, var jeg ute.

REVIEW 3
7 Vi skal ut og spise *We're going out to eat*
1 a. 9; **b.** 10; **c.** 7; **d.** 6; **e.** 11; **f.** 8; **g.** 13; **h.** 2; **i.** 4; **j.** 12; **k.** 1; **l.** 3; **m.** 5
2 a. I think so.; **b.** Would you like something to drink?; **c.** Are you ready to order?; **d.** What would you like to drink?; **e.** Would you like anything else?;
f. This child's name is Hans.; **g.** Add salt and pepper to your taste.
3 a. Smaker det godt?; **b.** Hva vil du ha?; **c.** Vil du ha noe annet?; **d.** Vil du

ha noe å drikke?; **e.** Vil dere bestille?; **f.** Skjær kjøtt i terninger.; **g.** Tilsett potet.; **h.** Server med grovt brød.
4 a. Kom; **b.** Snakk; **c.** Skriv; **d.** Tilsett; **e.** Gå; **f.** la; **g.** Ring; **h.** Spis

5
Across: 1. brød; **2.** smør; **3.** gulrøtter; **4.** hasselnøtter; **5.** tomat; **6.** blåbærsyltetøy; **7.** hvitløk
Down: (mystery word) brunost

8 På ferie i Norge *On holiday in Norway*
1 a. Where is the museum?; **b.** Where is the hospital?; **c.** I have a bellyache.; **d.** I have a sore throat.; **e.** Go straight ahead.; **f.** I would really like to see the Christmas house!; **g.** I think it's a good idea.; **h.** Where do you want to stay?; **i.** I'm cold/freezing.
2 a. Hvor ligger suvenirbutikken?; **b.** Hvor mye koster billettene?; **c.** Hvor lenge blir dere?; **d.** Hvor kan vi spise?; **e.** Kan du være så snill å hjelpe meg?; **f.** Jeg er syk.
4
Across: 1. hals; **2.** hode; **3.** skulder; **4.** nese; **5.** pekefinger; **6.** kinn; **7.** nakke; **8.** albue
Down: (mystery word) hodepine

9 Snakk om fortiden *Talk about the past*
1 a. 2; **b.** 4; **c.** 9; **d.** 1; **e.** 3; **f.** 5; **g.** 6; **h.** 7; **i.** 8
2 a. She was very proud of her bunad.; **b.** What did you do after the parade?; **c.** It's a pity we didn't see each other.; **d.** It was crowded.; **e.** He forgot the keys at home this morning.; **f.** I made a cake for her birthday.
3 a. Jeg drakk te i går.; **b.** Var du hjemme i går?; **c.** Jeg snakket med Pål for tre dager siden.; **d.** Han ventet på henne på kafeen.; **e.** Hun hadde mange venner.; **f.** Han nådde ikke flyplassen i tide.; **g.** Hun har ikke gjort det jeg sa.; **h.** Han har ventet på henne i en time.; **i.** Jeg har lagd ei kake.; **j.** Jeg har aldri trodd på ham.
4 a. har trodd; **b.** forsto; **c.** har lest; **d.** gjorde; **e.** har hatt; **f.** Var; **g.** hatet; **h.** har lagd; **i.** leste; **j.** har spilt; **k.** hørte; **l.** trodde; **m.** har drukket; **n.** hadde; **o.** har ventet

5
Across: 1. spiste; **2.** drakk; **3.** lagde; **4.** jobbet; **5.** hatet; **6.** trodde; **7.** gikk; **8.** leste; **9.** glemte
Down: (mystery word) preteritum

10 Hva gjør du når du har fri? *What do you do in your free time?*
1 a. 5; **b.** 9; **c.** 7; **d.** 1; **e.** 10; **f.** 2; **g.** 3; **h.** 4; **i.** 6; **j.** 8
2 a. It's warm.; **b.** The weather is nice.; **c.** The weather is bad.; **d.** There's thunder and lightning.; **e.** It's snowing.; **f.** It's hailing.; **g.** It's 15 degrees below zero.
3 a. Sola skinner.; **b.** Det er kaldt.; **c.** Det er tåke.; **d.** Det regner.; **e.** Det blåser.; **f.** Det er is.; **g.** Jeg fryser.; **h.** Jeg er varm.; **i.** Jeg svetter.
4 a. mer; **b.** mange, forskjellige; **c.** veldig interessant; **d.** kaldere; **e.** yngre; **f.** dyrest; **g.** vakrest; **h.** mest praktisk; **i.** bedre; **j.** flere; **k.** dyreste; **l.** snilleste; **m.** peneste

5
Across: 1. spennende; **2.** kjedelig; **3.** kald; **4.** rotete; **5.** morsom; **6.** pen; **7.** varm; **8.** ekte; **9.** norsk; **10.** dyr; **11.** fersk
Down: (mystery word) sjarmerende

Grammar appendix

Nouns

Hankjønn – masculine				Flertall – plural			
Entall – singular							
Ubestemt – indeterminate		Bestemt – determinate		Ubestemt – indeterminate		Bestemt – determinate	
en bil	a car	bilen	the car	biler	(some) cars	bilene	the cars
en by	a city	byen	the city	byer	(some) cities	byene	the cities
en dag	a day	dagen	the day	dager	(some) days	dagene	the days
en gutt	a boy	gutten	the boy	gutter	(some) boys	guttene	the boys
en hund	a dog	hunden	the dog	hunder	(some) dogs	hundene	the dogs
en katt	a cat	katten	the cat	katter	(some) cats	kattene	the cats
en kollega	a colleague	kollegaen	the colleague	kollegaer	(some) colleagues	kollegaene	the colleagues
en kveld	an evening	kvelden	the evening	kvelder	(some) evenings	kveldene	the evenings
en kvinne	a woman	kvinnen	the woman	kvinner	(some) women	kvinnene	the women
en pasta	pasta	pastaen	the pasta	pastaer	(some) pasta	pastaene	the pasta
en pizza	a pizza	pizzaen	the pizza	pizzaer	(some) pizzas	pizzaene	the pizzas
en skole	a school	skolen	the school	skoler	(some) schools	skolene	the schools
en sofa	a sofa	sofaen	the sofa	sofaer	(some) sofas	sofaene	the sofas
en stemme	a voice	stemmen	the voice	stemmer	(some) voices	stemmene	the voices
en trikk	a tram	trikken	the tram	trikker	(some) trams	trikkene	the trams
en venn	a friend	vennen	the friend	venner	(some) friends	vennene	the friends
en lærer	a teacher	læreren	the teacher	lærere	(some) teachers	lærerne	the teachers
en mann	a man	mannen	the man	menn	(some) men	mennene	the men

Hunkjønn – feminine

Entall – singular						
Ubestemt – indeterminate		**Bestemt** – determinate				
ei dame	a woman	**dama**	the woman			
ei hylle	a shelf	**hylla**	the shelf			
ei jente	a girl	**jenta**	the girl			
ei kake	a cake	**kaka**	the cake			
ei kvinne	a woman	**kvinna**	the woman			
ei lampe	a lamp	**lampa**	the lamp			
ei skive	a slice	**skiva**	the slice			
ei sol	a sun	**sola**	the sun			
ei venninne	a (female) friend	**venninna**	the (female) friend			
ei bok	a book	**boka**	the book			
ei natt	a night	**natta**	the night			

Flertall – plural			
Ubestemt – indeterminate		**Bestemt** – determinate	
damer	(some) women	**damene**	the women
hyller	(some) shelves	**hyllene**	the shelves
jenter	(some) girls	**jentene**	the girls
kaker	(some) cakes	**kakene**	the cakes
kvinner	(some) women	**kvinnene**	the women
lamper	(some) lamps	**lampene**	the lamps
skiver	(some) slices	**skivene**	the slices
soler	(some) suns	**solene**	the suns
venninner	(some female) friends	**venninnene**	the (female) friends
bøker	(some) books	**bøkene**	the books
netter	(some) nights	**nettene**	the nights

Intetkjønn – neuter

Entall – singular				Flertall – plural			
Ubestemt – indeterminate		**Bestemt** – determinate		**Ubestemt** – indeterminate		**Bestemt** – determinate	
et eple	*an apple*	**eplet**	*the apple*	**epler**	*(some) apples*	**eplene**	*the apples*
et hotell	*a hotel*	**hotellet**	*the hotel*	**hoteller**	*(some) hotels*	**hotellene**	*the hotels*
et vindu	*a window*	**vinduet**	*the window*	**vinduer**	*(some) windows*	**vinduene**	*the windows*
et bord	*a table*	**bordet**	*the table*	**bord**	*(some) tables*	**bordene**	*the tables*
et brød	*a loaf of bread*	**brødet**	*the bread*	**brød**	*(some) loaves of bread*	**brødene**	*the loaves of bread*
et hjem	*a home*	**hjemmet**	*the home*	**hjem**	*(some) homes*	**hjemmene**	*the homes*
et hus	*a house*	**huset**	*the house*	**hus**	*(some) houses*	**husene**	*the houses*
et kurs	*a course*	**kurset**	*the course*	**kurs**	*(some) courses*	**kursene**	*the courses*
et mål	*a voice / language*	**målet**	*the voice / language*	**mål**	*(some) voices / languages*	**målene**	*the voices / languages*
et rom	*a room*	**rommet**	*the room*	**rom**	*(some) rooms*	**rommene**	*the rooms*
et skap	*a cabinet*	**skapet**	*the cabinet*	**skap**	*(some) cabinets*	**skapene**	*the cabinets*
et skjerf	*a scarf*	**skjerfet**	*the scarf*	**skjerf**	*(some) scarves*	**skjerfene**	*the scarves*
et språk	*a language*	**språket**	*the language*	**språk**	*(some) languages*	**språkene**	*the languages*
et tegn	*a sign*	**tegnet**	*the sign*	**tegn**	*(some) signs*	**tegnene**	*the signs*
et barn	*a child*	**barnet**	*the child*	**barn**	*(some) children*	**barna**	*the children*
et tre	*a tree*	**treet**	*the tree*	**trær**	*(some) trees*	**trærne**	*the trees*

Family nouns

Hankjønn – masculine							
Entall – singular				**Flertall – plural**			
Ubestemt – indeterminate		Bestemt – determinate		Ubestemt – indeterminate		Bestemt – determinate	
en bror	a brother	**broren**	the brother	**brødre**	(some) brothers	**brødrene**	the brothers
en far	a father	**faren**	the father	**fedre**	(some) fathers	**fedrene**	the fathers
en fetter	a (male) cousin	**fetteren**	the (male) cousin	**fettere**	(some male) cousins	**fetterne**	the (male) cousins
en forelder	a parent	**forelderen**	the parent	**foreldre**	(some) parents	**foreldrene**	the parents
en mann	a husband	**mannen**	the husband	**menn**	(some) husbands	**mennene**	the husbands
en nevø	a nephew	**nevøen**	the nephew	**nevøer**	(some) nephews	**nevøene**	the nephews
en onkel	an uncle	**onkelen**	the uncle	**onkler**	(some) uncles	**onklene**	the uncles
en svigerfar	a father-in-law	**svigerfaren**	the father-in-law	**svigerfedre**	(some) fathers-in-law	**svigerfedrene**	the fathers-in-law
en svigersønn	a son-in-law	**svigersønnen**	the son-in-law	**svigersønner**	(some) sons-in-law	**svigersønnene**	the sons-in-law
en svoger	a brother-in-law	**svogeren**	the brother-in-law	**svogere**	(some) brothers-in-law	**svogerne**	the brothers-in-law
en sønn	a son	**sønnen**	the son	**sønner**	(some) sons	**sønnene**	the sons

Hunkjønn – *feminine*

Entall – *singular*				Flertall – *plural*			
Ubestemt – *indeterminate*		Bestemt – *determinate*		Ubestemt – *indeterminate*		Bestemt – *determinate*	
ei datter	*a daughter*	**dattera**	*the daughter*	**døtre**	*(some) daughters*	**døtrene**	*the daughters*
ei kone	*a wife*	**kona**	*the wife*	**koner**	*(some) wives*	**konene**	*the wives*
ei kusine	*a (female) cousin*	**kusina**	*the (female) cousin*	**kusiner**	*(some female) cousins*	**kusinene**	*the (female) cousins*
ei mor	*a mother*	**mora**	*the mother*	**mødre**	*(some) mothers*	**mødrene**	*the mothers*
ei niese	*a niece*	**niesa**	*the niece*	**nieser**	*(some) nieces*	**niesene**	*the nieces*
ei svigerdatter	*a daughter-in-law*	**svigerdattera**	*the daughter-in-law*	**svigerdøtre**	*(some) daughters-in-law*	**svigerdøtrene**	*the daughters-in-law*
ei svigerinne	*a sister-in-law*	**svigerinna**	*the sister-in-law*	**svigerinner**	*(some) sisters-in-law*	**svigerinnene**	*the sisters-in-law*
ei svigermor	*a mother-in-law*	**svigermora**	*the mother-in-law*	**svigermødre**	*(some) mothers-in-law*	**svigermødrene**	*the mothers-in-law*
ei søster	*a sister*	**søstera**	*the sister*	**søstre**	*(some) sisters*	**søstrene**	*the sisters*
ei tante	*an aunt*	**tanta**	*the aunt*	**tanter**	*(some) aunts*	**tantene**	*the aunts*

Intetkjønn – *neuter*							
Entall – *singular*				**Flertall** – *plural*			
Ubestemt – *indeterminate*		**Bestemt** – *determinate*		**Ubestemt** – *indeterminate*		**Bestemt** – *determinate*	
et barn	*a child*	**barnet**	*the child*	**barn**	*(some) children*	**barna**	*the children*
et barnebarn	*a grandchild*	**barnebarnet**	*the grandchild*	**barnebarn**	*(some) grandchildren*	**barnebarna**	*the grandchildren*
et søsken	*a sibling*	**søskenet**	*the sibling*	**søsken**	*(some) siblings*	**søsknene**	*the siblings*
et søskenbarn	*a cousin (both sexes)*	**søskenbarnet**	*the cousin*	**søskenbarn**	*(some) cousins*	**søskenbarna**	*the cousins*

Adjectives

Singular, indefinite		Plural, indefinite	English
Masculine / feminine	Neuter	(m / f / n)	
1 The majority of Norwegian adjectives			
dyr	dyrt	dyre	*expensive*
fin	fint	fine	*nice*
god	godt	gode	*good*
grønn	grønt	grønne	*green*
gul	gult	gule	*yellow*
kald	kaldt	kalde	*cold*
pen	pent	pene	*beautiful*
varm	varmt	varme	*warm*
2 Plurisyllabic adjectives and adjectives of nationality ending in -sk			
engelsk	engelsk	engelske	*English*
fantastisk	fantastisk	fantastiske	*fantastic*
norsk	norsk	norske	*Norwegian*
3 Monosyllabic adjectives ending in -sk			
fersk	ferskt	ferske	*fresh*
frisk	friskt	friske	*healthy*
rask	raskt	raske	*quick*
4 Adjectives ending in -ig			
billig	billig	billige	*cheap*
kjedelig	kjedelig	kjedelige	*boring*
5 Monosyllabic adjectives ending in a (tonic / with accent) vocal			
blå	blått	blå / blåe	*blue*
fri	fritt	frie	*free*
ny	nytt	nye	*new*
6 Adjectives ending in -e			
ekte	ekte	ekte	*original*
moderne	moderne	moderne	*modern*
7 Adjectives which come from a participle			
sjarmerende	sjarmerende	sjarmerende	*charming*
spennende	spennende	spennende	*thrilling*
8 Adjectives containing double consonants			
gammel	gammelt	gamle	*old*
vakker	vakkert	vakre	*beautiful*
9 Adjectives ending in -en			
voksen	voksent	voksne	*adult*
sliten	slitent	slitne	*tired*

Comparatives and superlatives

Adjective – base form, singular	Comparative	Superlative	English
1 The majority of Norwegian adjectives			
dyr	dyrere	dyrest	*expensive*
enkel	enklere	enklest	*easy*
fin	finere	finest	*nice*
kald	kaldere	kaldest	*cold*
morsom	morsommere	morsomst	*funny*
pen	penere	penest	*beautiful*
varm	varmere	varmest	*warm*
2 Plurisyllabic adjectives and adjectives of nationality ending in -sk			
engelsk	mer engelsk	mest engelsk	*English*
fantastisk	mer fantastisk	mest fantastisk	*fantastic*
norsk	mer norsk	mest norsk	*Norwegian*
praktisk	mer praktisk	mest praktisk	*practical*
3 Monosyllabic adjectives ending in -sk			
fersk	ferskere	ferskest	*fresh*
frisk	friskere	friskest	*healthy*
rask	raskere	raskest	*quick*
4 Adjectives ending in -ig			
billig	billigere	billigst	*cheap*
kjedelig	kjedeligere	kjedeligst	*boring*
vanskelig	vanskeligere	vanskeligst	*difficult*
viktig	viktigere	viktigst	*important*
5 Monosyllabic adjectives ending in a (tonic / with accent) vocal			
fri	friere	friest	*free*
ny	nyere	nyest	*new*
6 Adjectives ending in -e			
ekte	mer ekte	mest ekte	*original*
moderne	mer moderne	mest moderne	*modern*
rotete	mer rotete	mest rotete	*untidy*
7 Adjectives which come from a participle			
sjarmerende	mer sjarmerende	mest sjarmerende	*charming*
spennende	mer spennende	mest spennende	*thrilling*
8 Adjectives containing double consonants			
lett	lettere	lettest	*easy*
snill	snillere	snillest	*kind*
vakker	vakrere	vakrest	*beautiful*
9 Adjectives ending in -en			
sliten	mer sliten	mest sliten	*tired*
voksen	mer voksen	mest voksen	*adult*
10 Adjectives which contain the letter u			
tung	tyngre	tyngst	*heavy*
ung	yngre	yngst	*young*

Irregular comparatives and superlatives

Adjective / adverb	Comparative	Superlative	English
dårlig / ille	verre	verst	bad
få	færre	færrest	few
gammel	eldre	eldst	old
gjerne	heller	helst	gladly
god / bra	bedre	best	good / well
lang	lengre	lengst	long
lite	mindre	minst	less
mange	flere	flest	many
mye	mer	mest	much
stor	større	størst	big

Verb tenses

IRREGULAR VERBS

Infinitive	Present	Simple past (preteritum)	Present perfect (presens perfektum)	English
å være	er	var	har vært	to be
å bli	blir	ble	har blitt	to become / stay
å gjøre	gjør	gjorde	har gjort	to do
å drikke	drikker	drakk	har drukket	to drink
å falle	faller	falt	har falt	to fall
å gi	gir	ga	har gitt	to give
å dra	drar	dro	har dratt	to go / travel
å gå	går	gikk	har gått	to go / walk
å be	ber	ba	har bedt	to pray
å si	sier	sa	har sagt	to say
å se	ser	så	har sett	to see
å stå	står	sto	har stått	to stand
å forstå	forstår	forsto	har forstått	to understand

GROUP 1

Infinitive	Present	Simple past (preteritum)	Present perfect (presens perfektum)	English
å fiske	fisker	fisket	har fisket	to fish
å hate	hater	hatet	har hatet	to hate
å pakke	pakker	pakket	har pakket	to pack
å snakke	snakker	snakket	har snakket	to talk / to speak
å rydde	rydder	ryddet	har ryddet	to tidy
å vente	venter	ventet	har ventet	to wait
å vaske	vasker	vasket	har vasket	to wash

GROUP 2

Infinitive	Present	Simple past (preteritum)	Present perfect (presens perfektum)	English
å besøke	besøker	besøkte	har besøkt	to visit
å betale	betaler	betalte	har betalt	to pay
å fortelle	forteller	fortalte	har fortalt	to tell
å glemme	glemmer	glemte	har glemt	to forget
å høre	hører	hørte	har hørt	to hear
å leke	leker	lekte	har lekt	to play
å lese	leser	leste	har lest	to read / to study
å reise	reiser	reiste	har reist	to travel
å spille	spiller	spilte	har spilt	to play
å spise	spiser	spiste	har spist	to eat
å spørre	spør	spurte	har spurt	to ask
å vise	viser	viste	har vist	to show
å vite	vet	visste	har visst	to know

GROUP 3

Infinitive	Present	Simple past (preteritum)	Present perfect (presens perfektum)	English
å bøye	bøyer	bøyde	har bøyd	to bend
å leve	lever	levde	har levd	to live
å leie	leier	leide	har leid	to rent
å prøve	prøver	prøvde	har prøvd	to try
å veie	veier	veide	har veid	to weigh

GROUP 4

Infinitive	Present	Simple past (preteritum)	Present perfect (presens perfektum)	English
å tro	tror	trodde	har trodd	to believe
å ha	har	hadde	har hatt	to have
å bo	bor	bodde	ha bodd	to live (inhabit)
å nå	når	nådde	har nådd	to reach
å snø	snør	snødde	har snødd	to snow

MODAL VERBS

Infinitive	Present	Simple past (preteritum)	Present perfect (presens perfektum)	English
å kunne	kan	kunne	har kunnet	can
å måtte	må	måtte	har måttet	must
å burde	bør	burde	har burdet	should
å ville	vil	ville	har villet	want
å skulle	skal	skulle	har skullet	will / (shall)

Norwegian-English

aften (en)	*evening*
agurk (en)	*cucumber*
amerikaner (en)	*American*
aprikos (en)	*apricot*
april	*April*
arabisk	*Arabic*
artisjokk (en)	*artichoke*
aubergine (en)	*aubergine*
august	*August*
badedrakt (en)	*swimsuit*
badekåpe (ei / en)	*bathrobe*
banan (en)	*banana*
bh (en)	*bra*
bjørnebær (et)	*blackberry*
bluse (ei)	*blouse*
blå	*blue*
blåbær (et)	*blueberry*
bobledress (en)	*quilted overall (commonly worn in Norway)*
boblejakke (ei / en)	*quilted jacket*
bra	*well*
bringebær (et)	*raspberry*
bukse (en) / bukser	*trouser(s)*
dag (en)	*day*
dansk	*Danish*
danske (en)	*Dane*
desember	*December*
drikke	*drinks*
drue (en / ei)	*grapes*
engelsk	*English*
engelskmann (en)	*Englishman*
eple (et)	*apple*
februar	*February*
fennikel (en)	*fennel*
fersken (en)	*peach*
fin	*fine*
finne (en)	*Finn*
finsk	*Finnish*

fint	*fine*
fiolett	*violet*
fransk	*French*
franskmann (en)	*Frenchman / Frenchwoman*
fredag (en)	*Friday*
frukt (en / ei)	*fruit*
færøysk	*Faroese*
genser (en)	*sweater / jumper*
god	*Good*
godt	*good*
grønn	*green*
grå	*grey*
gul	*yellow*
gulrot (en / ei)	*carrot*
ha det	*Goodbye*
hagle (en / ei)	*hail*
hallo	*Hi / Hello*
hanske (en)	*glove(s)*
hatt (en)	*hat*
hei	*Hi / Hello*
hindi	*Hindi*
hvit	*white*
høst (en)	*autumn*
i dag	*today*
i går	*yesterday*
inder (en)	*Indian*
ire (en)	*Irishman / Irishwoman*
irsk	*Irish*
is (en)	*ice*
islandsk	*Icelandic*
islending (en)	*Icelander*
italiener (en)	*Italian*
italiensk	*Italian*
jakke (ei)	*jacket*
januar	*January*
jordbær (et)	*strawberry*
juice (en)	*juice*
juli	*July*
juni	*June*
kaldt	*cold*
kineser (en)	*Chinese*
kinesisk	*Chinese*
kirsebær (et)	*cherry*

kjole (en)	*dress*
klær	*clothes*
kveld (en)	*Evening*
kåpe (ei / en)	*coat*
lilla	*lilac*
lue (ei)	*beret*
lyn (et)	*lightning*
lørdag (en)	*Saturday*
mai	*May*
mandag (en)	*Monday*
mars	*March*
mat (en)	*food*
melk (en)	*milk*
morgen (en)	*Morning*
multe (en)	*mulberry*
måne (en)	*moon*
måned (en)	*month*
natt (en / ei)	*night*
nederlandsk	*Dutch*
nederlender (en)	*Dutchman / Dutchwoman*
nordmann(en)	*Norwegian*
norsk	*Norwegian*
november	*November*
oktober	*October*
ola-bukse / jeans (ei / en)	*jeans*
onsdag (en)	*Wednesday*
oransje	*orange*
polakk (en)	*Pole*
polsk	*Polish*
portugiser (en)	*Portuguese*
portugisisk	*Portuguese*
potet (en)	*potato*
pære (en / ei)	*pear*
regn (et)	*rain*
regnjakke (ei)	*rain jacket*
rosa	*pink*
russer (en)	*Russian*
russisk	*Russian*
ryggsekk (en)	*backpack*
rød	*red*
samisk	*Sami*
september	*September*
shorts (en)	*shorts*

sist	*last time*
sjal (et)	*shawl*
skjerf (et)	*scarf*
skjorte (ei)	*shirt*
skjørt (et)	*skirt*
sko (en)	*shoe(s)*
skotsk	*Scottish*
skotte (en)	*Scot*
snø (en)	*snow*
sokk (en)	*sock*
sol (en / ei)	*sun*
sommer (en)	*summer*
spanjol (en)	*Spaniard*
spansk	*Spanish*
spinat (en)	*spinach*
squash (en)	*squash*
strømpe (ei / en)	*stocking*
strømpebukse (en)	*tights*
støvel (en)	*boot(s)*
svart	*black*
sveitser (en)	*Swiss*
svensk	*Swedish*
svenske (en)	*Swede*
søndag (en)	*Sunday*
takk	*thanks*
tirsdag (en)	*Tuesday*
tomat (en)	*tomato*
torden (en)	*thunder*
torsdag (en)	*Thursday*
truse (ei / en)	*panties*
t-skjorte (ei)	*t-shirt*
tysk	*German*
tysker (en)	*German*
tyttebær (et)	*lingonberry*
tåke (en / ei)	*fog*
ullgenser (en)	*woollen sweater*
undertøy (et / --)	*underwear*
vann (et)	*water*
vannmelon (en)	*watermelon*
varmt	*warm*
veske (ei / en)	*bag*
vin (en)	*wine*
vind (en)	*wind*

vinter (en)	*winter*
vott (en)	*mitten(s)*
vår (en)	*spring*
waliser (en)	*Welshman / Welshwoman*
walisisk	*Welsh*
øl (en)	*beer*
østerriker (en)	*Austrian*
å bli	*to become / to stay*
å blåse	*to blow*
å dra	*to go (using a means of transport but not driving it)*
å drikke	*to drink*
å dusje	*to shower*
å fly	*to fly*
å fryse	*to freeze*
å gjøre	*to do*
å gå	*to walk*
å kjøre	*to drive*
å komme	*to come*
å lage	*to make*
å ligge	*to lie (down)*
å lyne	*to strike with lightning*
å regne	*to rain*
å reise	*to travel*
å sitte	*to sit*
å skinne	*to shine*
å snø	*to snow*
å spise	*to eat*
å stå	*to stand*
å svette	*to sweat*
å ta	*to take*
å tordne	*to thunder*
årstid (en)	*season*

English-Norwegian

American	**amerikaner** (en)
apple	**eple** (et)
apricot	**aprikos** (en)
April	**april**
Arabic	**arabisk**
artichoke	**artisjokk** (en)
aubergine	**aubergine** (en)
August	**august**
Austrian	**østerriker** (en)
autumn	**høst** (en)
backpack	**ryggsekk** (en)
bag	**veske** (ei / en)
banana	**banan** (en)
bathrobe	**badekåpe** (ei / en)
beer	**øl** (en)
beret	**lue** (ei)
black	**svart**
blackberry	**bjørnebær** (et)
blouse	**bluse** (ei)
blue	**blå**
blueberry	**blåbær** (et)
boot(s)	**støvel** (en)
bra	**bh** (en)
carrot	**gulrot** (en / ei)
cherry	**kirsebær** (et)
Chinese	**kineser** (en)
Chinese	**kinesisk**
clothes	**klær**
coat	**kåpe** (ei / en)
cold	**kaldt**
cucumber	**agurk** (en)
Dane	**danske** (en)
Danish	**dansk**
day	**dag** (en)
December	**desember**
dress	**kjole** (en)
drinks	**drikke**
Dutch	**nederlandsk**

Dutchman / Dutchwoman	**nederlender** (en)
English	**engelsk**
Englishman	**engelskmann** (en)
evening	**aften** (en)
Evening	**kveld** (en)
Faroese	**færøysk**
February	**februar**
fennel	**fennikel** (en)
fine	**fin**
fine	**fint**
Finn	**finne** (en)
Finnish	**finsk**
fog	**tåke** (en / ei)
food	**mat** (en)
French	**fransk**
Frenchman / Frenchwoman	**franskmann** (en)
Friday	**fredag** (en)
fruit	**frukt** (en / ei)
German	**tysk**
German	**tysker** (en)
glove(s)	**hanske** (en)
Good	**god**
good	**godt**
Goodbye	**ha det**
grapes	**drue** (en / ei)
green	**grønn**
grey	**grå**
hail	**hagle** (en / ei)
hat	**hatt** (en)
Hi / Hello	**hallo**
Hi / Hello	**hei**
Hindi	**hindi**
ice	**is** (en)
Icelander	**islending** (en)
Icelandic	**islandsk**
Indian	**inder** (en)
Irish	**irsk**
Irishman / Irishwoman	**ire** (en)
Italian	**italiener** (en)
Italian	**italiensk**
jacket	**jakke** (ei)
January	**januar**
jeans	**ola-bukse / jeans** (ei / en)

juice	**juice** (en)
July	**juli**
June	**juni**
last time	**sist**
lightning	**lyn** (et)
lilac	**lilla**
lingonberry	**tyttebær** (et)
March	**mars**
May	**mai**
milk	**melk** (en)
mitten(s)	**vott** (en)
Monday	**mandag** (en)
month	**måned** (en)
moon	**måne** (en)
Morning	**morgen** (en)
mulberry	**multe** (en)
night	**natt** (en / ei)
Norwegian	**nordmann**(en)
Norwegian	**norsk**
November	**november**
October	**oktober**
orange	**oransje**
panties	**truse** (ei / en)
peach	**fersken** (en)
pear	**pære** (en / ei)
pink	**rosa**
Pole	**polakk** (en)
Polish	**polsk**
Portuguese	**portugiser** (en)
Portuguese	**portugisisk**
potato	**potet** (en)
quilted jacket	**boblejakke** (ei / en)
quilted overall (commonly worn in Norway)	**bobledress** (en)
rain	**regn** (et)
rain jacket	**regnjakke** (ei)
raspberry	**bringebær** (et)
red	**rød**
Russian	**russer** (en)
Russian	**russisk**
Sami	**samisk**
Saturday	**lørdag** (en)
scarf	**skjerf** (et)
Scot	**skotte** (en)

Scottish	**skotsk**
season	**årstid** (en)
September	**september**
shawl	**sjal** (et)
shirt	**skjorte** (ei)
shoe(s)	**sko** (en)
shorts	**shorts** (en)
skirt	**skjørt** (et)
snow	**snø** (en)
sock	**sokk** (en)
Spaniard	**spanjol** (en)
Spanish	**spansk**
spinach	**spinat** (en)
spring	**vår** (en)
squash	**squash** (en)
stocking	**strømpe** (ei / en)
strawberry	**jordbær** (et)
summer	**sommer** (en)
sun	**sol** (en / ei)
Sunday	**søndag** (en)
sweater / jumper	**genser** (en)
Swede	**svenske** (en)
Swedish	**svensk**
swimsuit	**badedrakt** (en)
Swiss	**sveitser** (en)
thanks	**takk**
thunder	**torden** (en)
Thursday	**torsdag** (en)
tights	**strømpebukse** (en)
to become / to stay	**å bli**
to blow	**å blåse**
to come	**å komme**
to do	**å gjøre**
to drink	**å drikke**
to drive	**å kjøre**
to eat	**å spise**
to fly	**å fly**
to freeze	**å fryse**
to go (using a means of transport but not driving it)	**å dra**
to lie (down)	**å ligge**
to make	**å lage**
to rain	**å regne**
to shine	**å skinne**

to shower	**å dusje**
to sit	**å sitte**
to snow	**å snø**
to stand	**å stå**
to strike with lightning	**å lyne**
to sweat	**å svette**
to take	**å ta**
to thunder	**å tordne**
to travel	**å reise**
to walk	**å gå**
today	**i dag**
tomato	**tomat** (en)
trouser(s)	**bukse** (en) **/ bukser**
t-shirt	**t-skjorte** (ei)
Tuesday	**tirsdag** (en)
underwear	**undertøy** (et / --)
violet	**fiolett**
warm	**varmt**
water	**vann** (et)
watermelon	**vannmelon** (en)
Wednesday	**onsdag** (en)
well	**bra**
Welsh	**walisisk**
Welshman / Welshwoman	**waliser** (en)
white	**hvit**
wind	**vind** (en)
wine	**vin** (en)
winter	**vinter** (en)
woollen sweater	**ullgenser** (en)
yellow	**gul**
yesterday	**i går**

Image credits

Illustrations by Barking Dog Art

Unit 1 – © antoniodiaz/Shutterstock

Unit 2 – © VanderWolf Images/Shutterstock

Unit 3 – © Anna Jedynak/Shutterstock

Unit 4 – © Monkey Business Images/Shutterstock

Unit 5 – © gpointstudio/iStockphoto

Unit 6 – © S-F/Shutterstock

Unit 7 – © Brent Hofacker/Shutterstock

     © Fanfo/Shutterstock

     © Dasha Petrenko/Shutterstock

Unit 8 – © Atiketta Sangasaeng/Shutterstock

Unit 9 – © Stale Edstrom/Shutterstock

Unit 10 – © ThomasEdwards77/Shutterstock